刘胡兰

LIU HU LAN

魏 鹏 编著

青海人民出版社

图书在版编目（CIP）数据

刘胡兰 / 魏鹏编著 . -- 西宁：青海人民出版社，2021.5（2024.11 重印）
（英雄模范共产党员故事汇）
ISBN 978-7-225-06166-5

Ⅰ.①刘… Ⅱ.①魏… Ⅲ.①传记文学—中国—当代 Ⅳ.① I25

中国版本图书馆 CIP 数据核字（2021）第 093390 号

英雄模范共产党员故事汇

刘胡兰

魏 鹏 编著

出 版 人	樊原成
出版发行	青海人民出版社有限责任公司
	西宁市五四西路71号 邮政编码：810023 电话：（0971）6143426（总编室）
发行热线	（0971）6143516 / 6137730
网　　址	http://www.qhrmcbs.com
印　　刷	青海西宁西盛印务有限责任公司
经　　销	新华书店
开　　本	890 mm × 1240 mm　1/32
印　　张	5.75
字　　数	120 千
版　　次	2021 年 7 月第 1 版　2024 年 11 月第 3 次印刷
书　　号	ISBN 978-7-225-06166-5
定　　价	28.00 元

版权所有　侵权必究

目录

两个妈妈一样亲	001
世上没有救世主	012
难忘一位勤务员	032
做人要做硬骨头	046
办冬学脱颖而出	058
观音庙里剁军鞋	068
路见不平一声吼	077
没有党旗的宣誓	082
党员会上的发言	089
一块手帕表深情	103
危难时刻显身手	112
两个人的不眠夜	128

目录

怕死不当共产党　　　　　　145

刽子手难逃天网　　　　　　171

两个妈妈一样亲

刘胡兰原名叫刘富兰,生于 1932 年 10 月 8 日,1947 年 1 月 12 日英勇就义。毛主席闻讯后,为她挥笔写下了"生的伟大,死的光荣"八个大字。1947 年 8 月 1 日,中共中央晋绥分局追认刘胡兰烈士为中国共产党正式党员。2009 年,刘胡兰被评为"100 位为新中国成立做出突出贡献的英雄模范人物"。

刘胡兰的生母王变卿是山西省文水县王家堡人。王家堡是一个大村庄,也是一个英雄的村庄,600 多户人家,出了 200 多位抗日英雄。王变卿的父亲王耀龙生于 1876 年,母亲王郝氏生于 1884 年。他们在村子里有三间瓦房,一个小院子。老两口勤劳俭朴,日子过得井井有条。在王家堡,王耀龙爱干净是出了名的,每天天不亮就开始打扫院落,把小小的土院子打扫得干干净净,屋里屋外都收拾得整整齐齐,就连到地里锄草,也总要比别人家多锄两遍。

1918年夏天，汾河发了一场大水，这给王家堡带来了多年不遇之灾。王耀龙的家具、粮食、被褥、衣物、锅灶和多年的积攒，全被大水冲走了。顷刻间，王耀龙家一贫如洗。王郝氏悲痛交加，连气带病，第二年春天就去世了。那一年，她的三女儿王变卿只有四岁。

1931年，17岁的王变卿嫁到了云周西村（已改名为刘胡兰村）。王变卿憨厚老实，孝敬公婆，勤劳能干，是大家眼里公认的好媳妇。第二年，生下了长女刘胡兰。

刘胡兰的父亲刘景谦和王变卿一样为人忠厚。刘胡兰的大爷（伯父）刘广谦常年在外，挣点现钱补贴家用。大娘和妈妈一样跟着奶奶纺线织布，烧茶煮饭，料理家务。奶奶生活简朴，勤俭节省，是过日子的能手。奶奶也一贯迷信，信鬼信神，家里香火不断，还常带着刘胡兰求神拜佛，烧香许愿。

爷爷刘来成是一家之主，村里的捐税派款都是向他催要。

爷爷、大爷和爹爹都称山西的土皇帝阎锡山为老阎。阎锡山民国初年投靠袁世凯，任山西督军，后任山西省长，后又任绥靖公署主任。他当权期间，不仅苛捐杂税多，而且各种证件也多如牛毛。阎锡山在山西颁发"好人证"，好人分三等，证也分三样：头等好人是圆形证，带这种证的人都是地主、乡绅、富商。云周西村的村长石玉璞带的就是这种圆形证，石玉璞就像赵太爷在未庄似的，走路只看天，目中无人。带上这种证去哪里都畅通无阻，遇到军警哨卡概不盘问。二等好人是方形证，带这种证的人大都是富农、富裕中农、中等商人。带上这种证，除了进城出县境，到处都可走动。刘胡兰的爷爷虽然有祖上留给他的40余亩薄地，还养着一头老牛，但也不配带这种方形证，只配带三等好人的三角证。带三角证的人一般都是中农、下中农、小商人以及一部分贫农。带上这种证的人只能在附近村里行走。至于一些领不上好人证的穷人，统统算作是"嫌疑分子"了，随时都有被当作红军探子抓起来的危险。

刘胡兰三岁时，妈妈又怀孕了。奶奶天天烧香许愿，求神拜佛，盼星星，盼月亮，盼着第二胎能生个男孩，可事与愿违，妈妈又生了一个女孩，这女孩就是刘胡兰的妹妹刘爱兰。

如果说第一胎生下一个女孩还情有可原，连生两个女孩简直就是罪过。奶奶不仅脸色难看，还常在人前人后不断地唠叨："生一个是'赔钱货'，又生一个，仍是'赔钱货'，真不知还要生多少个'赔钱货'！"

妈妈生刘胡兰时，享受过坐月子的待遇，月子里还能吃到白面疙瘩汤和红鸡蛋；生刘爱兰时，连坐月子的待遇也没有了，除了看家人的脸色，洗衣、做饭，家务活一样都没少干。

"我真是个受罪的命！"奶奶不敢抱怨观音菩萨不灵，只能抱怨自己，时常当着王变卿的面，指着两个孙女说"窗户再大不是门，女子再能不是人"。王变卿听到婆婆说出的话，不由得皱紧了眉头。

四岁的刘胡兰已经非常聪明伶俐了，她听到奶奶的牢骚和抱怨，不由得想起爷爷给她讲过的黄鳝。黄鳝小时候是女的，长大后就变成男的了。刘胡兰对妈妈说:"妈妈,我也要学黄鳝,我长大了一定变成个男子汉!"妈妈只是笑了笑,把刘胡兰紧搂在怀里。刘胡兰又天真地问妈妈:"妈妈,女孩子不好吗?奶奶为什么不喜欢女孩子呢?"

面对孩子的疑问,王变卿也跟婆婆一样叹气说道:"我真是个受罪的命!"

也许是终日受气,再加上月子里受累,妈妈自从生下妹妹爱兰之后,不仅奶水不足,而且体质也每况愈下,还生出好多病来。先是腰酸腿疼,后来就咳嗽气喘,20多岁的妇女一下子变得像七八十岁的老人。夏天还好一些,一入冬就咳嗽不止。在刘胡兰四岁那年的冬天,竟咳出一摊血来。

那时,爷爷每天要去听"好人团"训话,阎锡山说谁不去谁就是坏人。爹爹要去"防共保卫团"操练,还要学唱《防共歌》,阎锡山带头唱,命令人人都必须唱,不会唱就要受罚。奶奶要照看妹妹刘爱兰,大娘要料理家务,只有四岁的刘胡兰负责卧病在床的妈妈。刘胡兰给妈妈倒痰盂,给妈妈打洗脸水,给妈妈洗脸梳头,给妈妈端吃端喝,给妈妈捶背按腿,一步也舍不得离开,整天守候在妈妈的炕前。

妈妈看到刘胡兰这么懂事,这么孝顺,心里既高兴又难过,就爱怜地摸了摸刘胡兰的头说:"苦命的孩子,妈妈可把你累坏啦!有你这么孝顺的孩子,妈妈就是死了,也知足啦!"

刘胡兰不知死为何物,第一次听说人会死去,就抱着妈妈哭了:"妈妈,我不让你死,妹妹也不让你死!"

妈妈边给刘胡兰擦眼泪，边对刘胡兰说："死，妈妈不怕。人，都是要死的。妈妈的病，妈妈自己知道，妈妈也不想死呀！"说到这里，妈妈又不住地咳嗽起来，咳得头上直冒冷汗，咳吐了半痰盂的血水。等稍微缓过气，就让刘胡兰把大娘喊过来。妈妈拉着大娘的手说："大嫂，我是不行啦！咱妯娌相处也六七年了，我有什么对不住你的地方，你也不要记到心里去……万一我有个三长两短的，两个孩子就算托给你啦！"妈妈喘了喘气，又对大娘说："死，我倒不怕，怕就怕这两个孩子落在后妈手里，活不出人样来……"说到这里，妈妈忍不住地咳嗽、流泪、哽咽，再也说不下去了。

大娘一边安慰妈妈，让她不要胡思乱想，一边让刘胡兰给妈妈擦汗。此时，刘胡兰也哭成一个泪人了，她紧紧地拉着妈妈的手，哭喊道："妈妈你不能死！我不让你死……你想吃什么，我去给你买！"

妈妈说她心里火烧火燎的，实在想吃点凉东西，要是能吃块西瓜就好了。可寒冬腊月的，到哪儿去弄西瓜呢？后来，妈妈又说能吃几个梨子也好。

刘胡兰见妈妈咂着嘴想吃梨，连忙说："我去买！我去买！刚才去倒痰盂时，还听到卖梨的人在村街上吆喝呢。"

大娘从裤兜里掏出钱交给刘胡兰，不放心地问："你能买回来吗？"

"能！"刘胡兰信心十足。其实，她还从来没到街上买过东西呢。

刘胡兰接过钱就往村街上跑。卖梨的老汉刚才还在西街上吆喝,等刘胡兰跑到西街才知道,老汉已挑着梨筐转向东街了。刘胡兰赶到东街时,卖梨老汉已出村了。刘胡兰跑得满身是汗,连手里握着的纸币也被汗水浸透了。但一想到妈妈盼吃梨子的眼神,就跑出村子去追赶卖梨老汉了。

追上卖梨老汉,刘胡兰就把钱递到老汉的手里,匆匆忙忙地说:"我要买梨!"

"买梨给谁吃?"老汉慈祥地看着跟前的孩子,随声问道。

"买梨给妈妈吃!我妈妈病倒在炕上,只想吃梨!"刘胡兰说着说着不觉已流出眼泪来。

卖梨老汉见刘胡兰小小的年纪就这么孝顺,感动得不再问什么了,顺手把钱还给了刘胡兰,从梨筐里拣了四个黄亮的大梨送给刘胡兰。

卖梨老汉说:"这钱,我不收了。快把梨子拿回家吧!"

刘胡兰连感谢的话都忘记说了,急忙用衣襟兜着四个梨子往家跑。因跑得太急,一不小心就在村街上摔了一跤。本想在街边歇息一下,但又想到妈妈盼吃梨子的眼神,便连忙爬起来,捡起梨子继续赶路。

但当刘胡兰大步小步地赶到家时,妈妈已离开人世了。

刘胡兰扑到妈妈身上大声地哭喊:"妈妈,你醒醒!妈妈,我不让你死……"四个黄亮的大梨瞬间滚落在地。

"四——死;梨——离!"奶奶张着缺了牙的嘴巴说,"怎么这样灵验呢!"

奶奶说她一辈子求神拜佛,极少见神佛显灵。可这一次,梨子还没进门，儿媳妇就离开了人世。

"谁叫你去买梨的？"奶奶边责问刘胡兰，边抱着刘爱兰在院子里哭喊。

也许正因为如此，刘胡兰从此不再吃梨了，只要一看到梨或听到卖梨的吆喝，就会想起死去的妈妈。

妈妈死后不久，刘胡兰就学会唱《小白菜》了。

> 小白菜呀，
> 地里黄啊！
> 小小年岁，
> 殁了娘啊！
> 跟着爹爹，
> 本不错啊；
> 就怕爹爹，
> 娶后娘啊！

每天傍晚时分，刘胡兰搀着妹妹坐在家门前的台阶上唱《小白菜》，过往的行人见状也随之议论纷纷。

"苦命的孩子！"

"大的还不到五岁，小的才两三岁，以后这日子可怎么过呀！"

"世上只有妈妈好，没妈的孩子不如草。"

……

爷爷和奶奶听了，就一声接一声地叹气。

爹爹从地里收工回家，就把两个孩子双双抱进怀里，眼里满是泪花。

四年后，一个晴朗的日子，风儿暖和和的，太阳也笑眯眯的，奶奶对刘胡兰和刘爱兰说，爹要给她们娶个后妈。爱兰听说爹要给她们另娶个妈妈，高兴地拍着小手说："姐姐，我们也有妈妈了。人们再也不会说我们是没妈的孩子啦！"

刘胡兰却噙着泪花向奶奶央求道："奶奶，我不要后妈。不要给我们娶后妈！"说着又哭起来了。

奶奶说："你爹还不到40岁，能让他打半辈子光棍吗？奶奶能侍候他一辈子吗？"

刘胡兰说："我能侍候爹！"

奶奶说："你早晚要出嫁，爱兰早晚也要出嫁，你爹又留给谁侍候？"

没等刘胡兰回答，奶奶就开始唠叨起来了，先是抱怨自己命不好，后又抱怨刘胡兰妈妈死得早，接着又抱怨刘胡兰和刘爱兰都是女孩。刘胡兰不愿听奶奶的唠叨，领着妹妹出门玩去了。

二寡妇的男人早就死了，可她一直没有改嫁。二寡妇一年四季横草不拿竖草不捡，油瓶倒了都不扶，一天到晚走街串巷，精力闲散得无地释放，就到处吹风点火，搬弄是非。

二寡妇在村街上见到刘胡兰和刘爱兰，就一脸坏笑地问道："听说爹爹要给你们娶个后妈，是真的吗？"

刘胡兰没想到消息传得这么快，只好默默地点了点头。

二寡妇望着刘胡兰姐妹哀叹道："小小的年纪就遇到个后妈，以后的日子可怎么熬呀！"

该来的总会如期来临，就像谁也阻挡不了春天的脚步似的。在刘胡兰生母王变卿离世四年后，胡文秀从南胡家堡嫁到了云周西村，成为刘胡兰和刘爱兰姐妹的继母。

迎娶胡文秀的当天，刘胡兰心里乱糟糟的，整整一上午都没有说一句话。

傍晚，刘胡兰带着妹妹来到村口一棵歪脖子树下，一会儿互相抱着痛哭，一会儿又一起商量如何对付后妈。爱兰问姐姐："姐姐，后妈要是打我怎么办？"

"有我呢！料她也不敢……"刘胡兰紧握着拳头说。

正说着，忽然听到陈玉莲和李金香在叫她们。陈玉莲和李金香与刘胡兰年龄不相上下，是刘胡兰最要好的两个玩伴。陈玉莲好奇地问道："你们的新妈来了，怎么不去欢迎？"

刘胡兰像没听见似的，眼睛盯着自己的鞋尖，面无表情。刘爱兰却从地上蹦了起来，像已做好了战斗准备似的，急急地问道："她手里拿棍子没有？"

"新娘子是坐着花轿来的，花轿里盛不下棍子。"陈玉莲笑着，把一块冰糖塞进了刘爱兰的嘴里。

"真甜！再给我一块好吗？"爱兰的泪水还没有擦干，脸上就浮现出一丝欢喜。

李金香知道爱兰再向陈玉莲要糖块是给她姐姐吃的，就连忙向刘胡兰嘴里塞了一块。刘胡兰随后问道：

"这是谁给你们的?"

"还能是谁,新娘子呗!"陈玉莲高兴地答道。

刘胡兰一听冰糖是后妈给的,就"呸"的一声吐到了地上。爱兰最喜欢吃冰糖了,但她看到姐姐把冰糖吐到地上,就连忙学着姐姐的样子,也"呸"的一声把冰糖吐了出来。

按照云周西村的婚俗,新人要拜天地,拜父母,要向长辈们行礼。当轮到前房子女给后妈行礼的时候,才发现刘胡兰姐妹不在家里,满院子叫喊都没有回应。全家人都急了,连忙分头满村子去寻找,直找到下半夜,才在南场上找到刘胡兰姐妹,原来她们从村口转到南场,躲到场边的麦草垛里睡着了。

胡文秀一嫁到刘家,没等婆婆安排,就给刘胡兰和刘爱兰每人做了一双花鞋,这让奶奶非常高兴,逢人就夸。

自从娶来新妈,刘胡兰姐妹一走到村街上,村上的一些女人们就会围着她们问长问短。二寡妇见了刘胡兰姐妹过来,就远远地迎上去问:"后妈待你们怎样?能不能吃饱?"有时见刘胡兰姐妹走过去了,还会从后边紧跑几步,嬉皮笑脸地追着问:"后妈打你们没有?打得疼不疼?"

刘胡兰听到这些询问,只是摇摇头。因为胡文秀确实没打过她们,也没骂过她们,更没有不给她们饭吃,她怎么能说瞎话呢!但要说后妈很好吧,她又觉得不像亲妈那样亲,因此怎么问她,她都不开口,只是礼貌地摇摇头,算是回应。

刘爱兰就不一样了,也许是因为幼小的缘故,每逢听到人们问她这些话的时候,她就猛地提起裤腿说:"看,这是我妈妈给做的新花鞋，给我姐姐也做了一双，可姐姐一次都不穿！"

"不仅不穿后妈做的鞋，听说你连妈都不喊一声，是吗？"邻居石世芳对刘胡兰说，"俗话说得好，两好并一好，你对后妈好点，她也对你会更好，将心比心，人心换人心嘛。"

刘胡兰听了石世芳的话，只是点点头，依旧没吭一声。回到家里，有好几次想叫胡文秀"妈妈"，可就是开不了口。

奶奶除了教孙女信鬼信神，事事图吉庆外，还教她们要孝顺长辈。大道理奶奶不懂，也许不会说，她只是让刘胡兰在农忙时，去给在田地里劳作的爷爷、爹爹送水送饭。每到吃饭时，要让长辈先吃；长辈碗里吃完了，要站起来给长辈盛饭。

有一天，全家人正在吃午饭的时候，刘胡兰不时地偷看后妈的饭碗。当她看到后妈碗里还剩最后一口饭的时候，就连忙站起来，跑到后妈身边，鼓起勇气大声地说：

"妈，我给你盛饭！"

奶奶听了这话，高兴地看了孙女一眼，终于松了口气。爹爹脸上也露出了少有的笑容。刘景谦以前看着女儿一见后妈就板着脸，互相说话不带称呼，做爹的心里就疙疙瘩瘩的不是滋味。现在好啦，刘胡兰总算开始称胡文秀"妈妈"了。此时的胡文秀当然高兴，因为她也希望能与刘胡兰姐妹合得来，一家人和和气气地过日子。

世上没有救世主

奶奶一辈子求神拜佛，烧香许愿，只想让各路神仙显灵，保佑她心想事成，保佑她全家平安、幸福。

在刘胡兰出生之前，奶奶整天求神拜佛，烧香许愿，求菩萨保佑给她添个孙子好顶门立户，结果添的是孙女刘胡兰。

在刘爱兰出生之前，奶奶又求神拜佛，烧香许愿……结果偏偏又添了个孙女刘爱兰。

连添两个孙女，奶奶只抱怨自己的命苦，并不抱怨神灵，依旧求神拜佛，烧香许愿。

1936年初，文水县下令从各村征调一些兵役，组成"防共保卫团"，一旦红军到来，准备死守县城。

奶奶依旧求神拜佛，烧香许愿，开口就是阿弥陀佛，满心希望刘景谦不要被征调。后来，爹爹果真没有服兵役，于是奶奶眉开眼笑地说："阿弥陀佛！多亏菩萨保佑，真是福人自有天相！"

兵役过后又是天灾。夏天的田地干裂得像龟壳，秋庄稼干瘦得像烧锅的柴草。人们天天盼，日日盼，终于盼来了云周西村放水浇地的日子。

太阳还没有升起，奶奶就领着刘胡兰烧香许愿，祷告磕头。奶奶的目的只有一个：盼望各位神仙保佑，让爷爷和爹爹平平安安地把地浇完。奶奶经常给刘胡兰讲一些神通广大、佛法无边、有求必应、因果报应的故事，一心想把刘胡兰培养成像她一样信鬼信神的人物。刘胡兰对奶奶的话深信不疑，每逢奶奶烧香的时候，不用奶奶吩咐，就主动跟在奶奶的身后，虔心诚意地给各路神仙磕头。刘胡兰完全相信，神仙一定会帮助她家很快地把地浇完。

晚上，刘胡兰在给爷爷和爹爹送饭时，明明看见大渠里的水从地头欢快地流过，可渠堰上的人们谁都不敢引水浇地。刘胡兰觉得很奇怪，疑惑地问爷爷："咱们怎么还不浇地？"爷爷像憋了一肚子气没处出似的吼道："财主石玉璞的地还没浇完哩，哪能轮到咱们浇？"

邻居石世芳也忿忿不平地抱怨道："从来如此，就对吗？这都是些什么规矩？难道只有财主们能活，穷人们就该活活饿死？"

"世芳叔说的是怎么回事？"刘胡兰忙问爷爷。爷爷边吃饭边告诉刘胡兰说："从修水渠的时候起，浇地就有个老规矩，不管你的地是在上游还是在中游，都得等地主老财们浇完，才能轮到你浇。而地主老财们都是好地，云周西村的好地偏偏又都在下游，这样一来，眼睁睁地看着水从地头流过去，也只能干着急。"

后来,陈玉莲的二哥陈照德看到老财主石玉璞把秋庄稼地浇完了,又开始浇麦茬地,就带头引水浇地了。不一会儿,石玉璞亲自领着水头、巡田夫们打着灯笼和火把过来了。石玉璞一见这里正在浇地,就大发雷霆,说道:

"这是谁领的头?谁?有胆的给我站出来,我倒要看看你长着几个脑袋?"

"我领的头!你想怎样?"陈照德把胸脯拍得啪啪响,毫不畏惧地说。

"胆子不小啊!简直反天了!"石玉璞冷笑道。

"渠是大家修的,水费大家分摊。为什么只许你们浇地,就不许我们浇?"陈照德理直气壮地说。

刘胡兰忙问爷爷:"咱家的地什么时候浇?"

爷爷叹了口气说:"回家!回家!这么一闹,还浇什么地!"

回家的路上,刘胡兰又问爷爷:"水渠是大家修的,为什么石玉璞不准别人浇地?"爷爷不回答她,只顾摸黑往前走,看着刘胡兰问急了,就随口说:"你还小,说了你也不会明白的。"

刘胡兰说:"我跟着奶奶在家里给各路神仙都烧香磕头了,神仙会保佑咱家平平安安地把地浇完的。"

"又是烧香!又是磕头!烧香磕头顶屁用!"爷爷说出了一句在奶奶跟前从没说过的话。

国共合作后,红军改编成八路军,开到前线打日本鬼子了。开到前线的八路军在平型关打了一个大胜仗,把日本精锐的坂垣师团打得落花流水。这消息极大地鼓舞了全国的抗日军民,人们都希望阎锡山的部队也能像八路军那样英勇，给日本鬼子来个迎头痛击。

刘胡兰带着妹妹在村街上玩耍的时候，常常会听到一些八路军和日本军队打仗的消息。有些事情她弄不明白，就回家问奶奶。在刘胡兰眼里，奶奶无所不知，什么都明白。即使有些事情不知道，奶奶通过求神拜佛，念几声阿弥陀佛，多半也就琢磨出来啦。

"奶奶，日本鬼子为什么要打咱们？"

"还不是为了当皇帝！"奶奶不假思索地回答，接着又对刘胡兰告诫道："以后少往街上跑，免得给我惹是生非。只要能平平安安过日子，一年四季有家常饭、粗布衣，就是前世修来的福，管他谁坐天下谁当皇帝呢！"

刘胡兰向来最听奶奶的话，奶奶的话对她来说就是"圣旨"，即使有时候奶奶说的完全不合她的心思，她也认为奶奶的话总是对的，听奶奶的总没错。

1938年春，八路军120师第六支队的一个连开到云周西村来了。队伍一来，就把街道打扫得干干净净，还在大街上写了好些标语，什么"打倒日本帝国主义"啦，什么"团结一致，枪口对外"啦，什么"中国人不打中国人"啦，等等。刘胡兰虽不认识这些标语，但大街上那些红火热闹劲儿可真吸引人。每天天不亮，村里就响起了嘹亮的军号声，听得人精神抖擞，信心百倍。白天，队伍不是出操就是上课；傍晚，不是学唱歌就是在南场上演讲，要不就是帮老百姓干农活做家务。战士们看到什么干什么，和老百姓亲得像一家人一样。有一个南方口音的八路军排长，看到刘胡兰爷爷往地里挑粪水有点吃力，二话没说就抢过挑子，一口气挑到了地头。刘胡兰爷爷高兴得在村里连连夸了三天，说这支队伍比先前来过的所有队伍都好，对老百姓和气。是啊，这样好的队伍，老百姓怎么能不欢迎呢，就连小孩子们也都感到高兴！男孩子们每天扛着根高粱秆学队伍出操，女孩子们不是围着队伍学唱歌，就是围着小号兵看吹号。刘胡兰和李金香、陈玉莲一样，也成天围着队伍转。每天回到家里，还要把自己看到的新鲜事讲给奶奶听。今天说："八路军就是当年的红军，是毛主席、贺龙领导的队伍。"明天说："八路军队伍人人平等，他们当兵就是为了打日本救中国。"后天又说："八路军战士个个手艺高强，人人都会缝补衣服，人人都是好人。"刘胡兰说得眉飞色舞，活灵活现，奶奶总是心不在焉胡乱应承，有时还会不耐烦地说："好人，好人？老人常说'好铁不打钉，好人不当兵'。当兵的能有几个好人？"

有一天，六支队在云周西村西边和日本鬼子打起来了。

刘胡兰听从城里回来的大爷说："阎锡山的队伍有枪有炮，人又多，武器又好，却夹着尾巴逃跑了。六支队那几支破枪能打过日本鬼子吗？"随后，叹着气，自言自语说道："胜也好，败也好，敢朝日本鬼子开枪就好！"

奶奶又到佛前烧香了，刘胡兰连忙跟过去跪在佛前，跟着奶奶向神灵磕头祷告起来。奶奶的意思是不管谁胜谁败，只求保佑全家平安无事。刘胡兰却双手合十，一遍又一遍地在心里默念："求菩萨保佑，让日本鬼子败了吧！让八路军胜了吧！"

这一仗，果真把日本鬼子打败了。刘胡兰一蹦三跳地把胜利的消息告诉爷爷，爷爷连声称赞道："有这样不怕死的队伍，不愁把日本鬼子赶不出中国去！"

"阿弥陀佛！阿弥陀佛！"奶奶听了爷爷的话，念佛念得更勤了。

文水县抗日民主政府成立后，云周西村也开办了抗日小学。抗日小学与以前的学校不同，以前，上学念书的都是男孩子，现在女孩子也可以上抗日小学了。1940年夏收过后，云周西村贴出了开办抗日小学的告示，村干部一家一户地动员男女学龄儿童上学。刘胡兰听说李金香和陈玉莲都已经报了名，便连忙跑回家找奶奶。刘胡兰心想奶奶一定会同意她报名上学。理由是，奶奶对她那么亲，那么疼，再说了，上学读书是做梦都梦不到的好事，奶奶能不同意吗！不料，当刘胡兰满心欢喜地跑回家和奶奶一说，奶奶迎头就给她泼了一盆冷水。

"什么？上学？你咋不说上天呢！"奶奶先是这么说，后又把刘胡兰揽在怀里，心疼地说，"女孩子家，上什么学？要紧的是学会操持家务，学会纺线织布，会念几句书能咋地？"

"上了学就能认字，能认字就能读书,就能读毛主席的书……"刘胡兰给奶奶讲道理。奶奶像没听见似的，自顾自地说："是能成龙呢还是能成凤呢？再说，哪有女孩子上学的？"

"村里好多女孩子都报名了，李金香和陈玉莲也报啦！"刘胡兰连忙把两个好朋友拉出来，以为人多势众，奶奶不会不答应，不料奶奶却说："别人家的事情我不管，也管不着。我只管咱们家，咱们家的事由不得你！"刘胡兰从没见奶奶这么凶过，以前给刘胡兰裹小脚，刘胡兰坚决不裹，从窗口跳出北屋，那时，奶奶也没有这么凶。不过，奶奶凶过一阵子，又有软有硬地说道："趁早死了这条心吧。非要去上学，除非太阳从西边出来！"

刘胡兰听奶奶说得这么绝，就抹着泪花不敢再吭声了。可心里却又急又气，她真没料到，奶奶竟然这样守旧，自己不识字，也不让孙女识字。奶奶把一块钱当五毛钱花了，也不肯接受不识字的教训。眼看李金香和陈玉莲都要上学了，奶奶就是不让她去，她怎能不急不气呢？

幸亏村干部和妈妈胡文秀反反复复地做奶奶的工作，晓之以理，动之以情，奶奶才抛下"书房戏场，坏子弟的地方"的陈腐观念。

前来动员刘胡兰上学的村干部现身说法："在村公所里，我一遇到文墨上的事，就不由得抱怨家人在我小时候不让我念几年书，害得如今成了睁眼瞎。可是又一想，这能怪家人吗？不能。那时候穷得吃糠咽菜，连肚皮都填不饱，学费又那么贵，穷家小户的哪有闲钱供子女上学？如今抗日民主政府开办抗日小学，上学不用交学费，不分男女都能接受教育，都能学到文化，这都是共产党给咱们谋的福利！上学多好啊！"

奶奶见村干部说得头头是道，就笑骂着答应让刘胡兰报名上学了。

奶奶发现，自从刘胡兰上学之后，愈来愈不肯听她的话了。她不仅对孙女上学不满，而且对学校和老师也很有意见。特别是对 1940 年秋后，老师经常领着学生们在村里贴标语、搞宣传，慰问过往的八路军，给伤员端茶倒水，跳舞唱歌，洗衣做饭这些事非常反感。别人她不管，也管不了，就常常向刘胡兰唠叨："这算什么抗日小学？说要念书识字，怎么不去念书识字？整天在街上瞎闹，成何体统！"

每逢奶奶这么唠叨的时候，刘胡兰再不像以前那样默不吭声了，总要反驳几句。这样一来，奶奶就更加生气了。而最让奶奶生气的是，刘胡兰不再跟着她求神拜佛了。有一回她要刘胡兰烧香磕头，刘胡兰不仅没有照办，反倒说世上从来就没有鬼神，也没有什么救世主，只有共产党才是人民的大救星！只有跟着共产党闹革命，老百姓才有好日子过。

有一次，爹爹和村里的民夫一同给山里的八路军送布匹，路上，送布的民夫被敌人打散了，有的民夫又背着布匹回到村里。他们说昨天夜里在穿越敌人封锁线太汾公路时，刚过去一半人，就被敌人发现了。敌人又打枪又放炮，还叽里呱啦地叫喊。隔在公路这边的人过不去了，只好撤了回来。

"我家景谦回来了没有？我家景谦过去了没有？"奶奶一会儿问这个，一会儿问那个，人都说："也许过去了，也许没有过去，天太黑了，没有看清楚。"奶奶问了满村人，也没问到刘景谦的下落，只好带着刘胡兰回家了。刘胡兰见奶奶一进家门就去收拾香案，知道奶奶又要为爹爹求神拜佛了。她怕奶奶要她一同烧香磕头，背上书包就往外走，奶奶在身后喊她，她像没听见似的，一口气就跑回学校了。

学校老师专门讲过破除迷信的课,还教学生们唱《国际歌》:"……从来就没有什么救世主,也不靠神仙皇帝。要创造人类的幸福,全靠我们自己!我们要夺回劳动果实,让思想冲破牢笼……"老师说世界上根本就没有鬼神,说活人拜泥菩萨是非常可笑的。老师还讲了好多生动的事例,证明弄鬼弄神都是自欺欺人的把戏。从那以后,刘胡兰每逢见到奶奶准备烧香磕头时,就连忙躲开。

这天晚上,家里像死了人似的,谁也不说一句话,都暗暗地叹气,偷偷地抹眼泪。没过太汾公路的民夫回来了,过了太汾公路的民夫也回来了,唯独走失了刘景谦。村里也很着急,决定派人沿太汾公路去查询,大爷也要一起去。正当他们准备出发时,刘景谦突然回来了。全家人又惊又喜,刘胡兰扑过去,拉着爹爹的胳膊,不住声地喊着:"爹爹,爹爹,你可回来了!"刘胡兰似乎从来没有和爹爹这么亲热过,看到爹爹好好地回到家里,高兴得不知道说什么好了。

刘景谦说他听到枪炮声、叫喊声,以为敌人追上来了。他怕敌人把布抢走,就背着布钻进了路边的谷子地里,跑了很远才停下来。等到敌人的枪炮声消失了,忙从谷子地里跑出来,可一同送布的乡亲们都不见了。他就悄悄地摸到太汾公路附近看了看,到处都是静悄悄的,看不到送布的民夫,也看不到敌人的影子。他就背着布一阵小跑穿过了太汾公路,追了好半天也没有见到一个人,只好独自赶路。天又黑,路又生,一路上经过的村庄都有自卫队和儿童团放哨,左盘查右盘问,耽搁了许多工夫。当他把布送到指定的地方，才知道先到的民夫已经走了。八路军同志要留他住一夜再走，他怕家里人着急，连觉都没睡一会儿，就一个人返回了。

奶奶听爹爹说完，长长地叹了一口气说："阿弥陀佛！谢天谢地！总算没出什么乱子！"接着就手指爹爹的额头抱怨起来，"你呀，真是个死心眼，榆木疙瘩不开窍。为什么要一个人乱跑乱撞？过不了太汾公路，你就不会跑回来吗？"

爹爹不同意奶奶的看法，说："村里让我们把布送给八路军，咱应承下了，还能不给送到？再说了，一场秋雨一场寒，眼看一天比一天凉了，八路军还等着布匹做棉袄棉裤呢！"

刘胡兰听爹爹讲了为八路军送布的经过，非常感动，又听爹爹说了这么几句话，便更加佩服爹爹了。爹爹虽然讲不出什么大道理，可刘胡兰觉得爹爹说得太对了，句句都是掏心窝子的话。想不到平日里不声不响的爹爹，心里却对共产党八路军这么支持！

奶奶连夜蒸了好多莲花馍馍。第二天一大早，就逼着刘胡兰给神佛上供还愿。刘胡兰推辞说要去上学，奶奶一听立马来气，大声地斥责道："上学要紧，还是还愿要紧？都这么大人了，还分不出个轻重缓急！这是为你爹爹许下的愿，要不是神灵佑护，他能平平安安地回来？"

刘胡兰反驳道："奶奶你没听爹爹说吗？爹爹是自己跑回来的，你供的神位根本就没出这个门！"

"你胡说什么？！"奶奶顺手拿起了拐杖。

刘胡兰想起了爷爷在水渠上说过的话，想起老师教过的《国际歌》,想起了同学们学奶奶和她往日里磕头拜神的样子,脸上一阵阵发烫,就向奶奶跺着脚,发狠地说道:"世上从来就没有什么鬼神,也没有什么救世主,求神拜佛屁事也不顶!"

奶奶听刘胡兰居然说出这样的话来,气得脸都白啦。她又拍手又跺脚,嘴里不停地骂道:"你这个死丫头,我看你是不想活了!"

妹妹刘爱兰一看这架势,忙推了一把姐姐,意思是让姐姐快跑,依爱兰的经验:跑了跑了,一跑就了。

刘胡兰却站在院子里动也不动。她见奶奶颤着小脚气冲冲地跑到跟前,举着拐杖向她头上打来,心里反倒十分平静。她望着奶奶,斩钉截铁地说:"奶奶你就是打死我,我也不会再跟着你去烧香磕头的!"

奶奶本来是想吓唬吓唬刘胡兰,可听刘胡兰说得这么坚决,一时竟没了主意。刘胡兰的坚决态度奶奶是领教过的,当刘胡兰说不再裹脚时,谁拿她都没有办法。奶奶把拐杖高高地举起,刘胡兰却镇定自若,因为她知道拐杖举得越高,离自己就越远。奶奶高举着拐杖愣了一会儿,忽然把拐杖一扔,一屁股坐在地上哭骂开来。奶奶骂刘胡兰,骂学校,骂老师,骂村干部,还骂刘胡兰妈妈胡文秀,说都是他们出的馊主意,让刘胡兰上学,如今学坏了!

妹妹刘爱兰向姐姐透露:"你上学走后,妈妈和大娘劝了奶奶大半天,奶奶才不哭了,也不骂了。后来奶奶领着我上了供,奶奶还在神佛前替你祷告了一番!"

"替我祷告？"刘胡兰惊奇地问道。

"是啊！奶奶说你一定是在学校里中了邪气啦，求神佛多多原谅不要见怪……"

1941年初，日本鬼子进村"扫荡"，到处抢，到处烧，到处杀，还到学校里痛打教员，逼迫他们教"大东亚共荣""中日亲善"，在云周西村实施奴化教育。在这暗无天日的年月里，抗日小学暂停开办。刘胡兰每天只好躲在家里跟奶奶学纺线，不敢轻易出门。这下子可称奶奶心啦，犹如正瞌睡捡了个枕头。不过，奶奶看到刘胡兰整天愁眉不展的样子，心里又有点不安，就劝刘胡兰说："孩子，趁早死了那条心。不要说学校停办了，就是不停办，这年头还念什么书哩！"

有天晚上，刘胡兰偷偷地把抗日小学课本拿出来，却被奶奶夺了过去，顺手就填到了炉灶里。刘胡兰眼睁睁地看着抗日小学课本燃烧起来，气得"哇"的一声哭了，任凭奶奶怎么劝说，她都不予理睬，仍是一个劲地哭。奶奶也生气了，连声地唠叨："你还哭，奶奶是为谁？还不是为你，还不是为全家好吗？要是让那些挨刀砍的日本鬼子发现了抗日课本，咱一家谁也别想活！"

胡文秀听见女儿哭，婆婆吵，忙跑进来。当她问清了事情的原委之后，抚摸着女儿的头说："胡兰子，这事奶奶做得对。再说书已经烧掉，哭也没用了。你要是真心想学习，以后我来教你。我虽然只上过小学二年级，但教你认认字不成问题。"

从这天之后，刘胡兰又开始学习了。妈妈胡文秀每天教她两个生字，她每天纺一会儿线，就在石板上练一会儿字。

妈妈胡文秀不仅教刘胡兰读书认字，还教刘胡兰许多革命道理，告诉刘胡兰什么样的人是真正的八路军，什么样的人是真正的共产党。刘胡兰进步很快，不久就当上了儿童团长，经常和李金香、陈玉莲一起偷偷地给抗日干部放放哨，通个风，报个信什么的，村里一般人不知道，她自己回到家里也不声张，不炫耀，奶奶自然也就不知道了。

有一阵子，奶奶见刘胡兰整天待在家里，不是闷着头纺线，就是悄悄地认字，轻易连大门都不出。奶奶感到很满意，就用赏识的眼光夸奖刘胡兰说："这就对啦！闺女家就应该这样！"后来，发现刘胡兰又变了，变得有说有笑，还经常到李金香和陈玉莲家去串门，就改用现身说法劝告刘胡兰："一个姑娘家，从小就要守本分。我像你这么大的时候，大门不出，二门不迈，即便村里踩高跷舞秧歌，大人们不放话，也不敢私自跑去看热闹。哪像你这样，成天游门串户的。"

奶奶的家规很严，还有很多讲究：不准媳妇们高声大语地说笑，有客人来家不准媳妇们多嘴多舌，做饭时不准锅碗瓢盆发出刺耳的声响。以前对刘胡兰管教还不怎么严格，随着孙女一天天地长大，管教也一天紧似一天了。奶奶一心要按她的老办法培养孙女，她经常对刘胡兰说："已经是十几岁的大姑娘了，还当自己是小孩吗？坐没坐相，站没站相，一点规矩都不懂。将来做了媳妇，公婆面前可怎交代呀？人家骂你事小，要是骂家教不严，就连娘家人也得跟你一同丢脸！"

奶奶一天到晚地唠叨，不是数说孙女们，就是数说媳妇们，再不就是讲些神神叨叨的迷信话。家里稍有不顺，就立马给这个烧香，给那个还愿，自己日子过得很俭省，敬鬼敬神却很大方，一年到头香火不断。刘胡兰在外边听人们谈论的尽是打日本鬼子、闹革命、男女平等、妇女解放这一类的新鲜事，回到家里看到奶奶做的尽是老一套，简直是忍无可忍。所以，刘胡兰又像过去一样，一有工夫就往外跑，这事也成了奶奶的心病。如果说刘胡兰只是出去串串门，散散心，说说闲话，拉拉家长里短也倒罢了，而如今，奶奶发现刘胡兰竟然成了妇救会积极分子，在村里做起了抗日工作。妇救会除了暗地里做军鞋、做军袜，给隐蔽的地下党、抗日干部、游击队缝补衣服、拆洗被褥之外，她们还经常聚在一起，偷偷地阅读根据地的报刊，还常常分头到各家各户去宣传抗战捷报，动员群众把粮食埋藏起来，与日伪军对着干。

这天晌午，刘胡兰从外边一回到家，奶奶就气冲冲地向她吼道："你的胆子真不小！简直是吃了老虎豹子胆了，胆大包天！你眼里还有奶奶吗？你是成心要气死我！成心想毁了这个家！你竟敢背着我干那号凶险事！"

刘胡兰心平气和地说："村里成立了妇救会，我参加了，犯得着你老人家动这么大的肝火吗？"

"妇救会抗日！你知道不知道？"

"知道。就因为这个，我才参加的。"

"日本鬼子就在家门口，你这不是往火坑里跳吗？趁早给我退出来！"

"你愿不愿早点把日本鬼子赶走，早点过上太平日子？"

"我巴不得日本鬼子立马死光。要能早点赶走这些瘟神恶煞,我天天烧高香哩!"

"烧高香没用!"

"妇救会有用?妇救会能把日本鬼子打败?做梦去吧!"

"光凭妇救会当然不行。打日本鬼子主要靠共产党领导的八路军和新四军。不过,没有统一战线,没有各方面的配合也不行啊!"

奶奶知道自己说不过孙女,就想出一个花招来:"只要你退出妇救会,奶奶明天就给你做套新衣裳。"奶奶觉得这一招准能把孙女降服。女孩子家谁不愿意穿戴得好点,谁不愿意打扮打扮呢?

刘胡兰心想:奶奶平日连灯油都一滴一滴地省着点,有时黑天纺线连灯都不点,为了让我退出妇救会可真舍得下本钱!于是对奶奶笑道:"奶奶,你别给我做什么新衣裳了。你不是常说:'戏子穿上龙袍也成不了真皇帝吗'?我知道你是怕我在外边惹下乱子。奶奶你放心,我不憨不愣,不会提着脑袋往刀口上撞的。妇救会只是暗地里做做军鞋,补补衣裳,没有什么大不了的。八路军为打日本鬼子,命都拼上了,咱们缝缝补补做点针线活还不应当吗?再说了,我的额头又没有刻着'妇救会'三个字,日本鬼子怎么能认得出来呢?"

听了孙女这一席话,奶奶只好叹着气回到北屋去了。

1945年8月15日,抗日战争取得胜利,日本鬼子宣布无条件投降。消息传到云周西村，刘胡兰一家正在地里打掐棉花。刘胡兰和妹妹高兴得又是笑，又是叫，像撒欢的羊羔，手拉着手不住地乱蹦乱跳，一连踩倒了好几株棉花。要在往日，非挨奶奶一顿臭骂不可，可那天奶奶也顾不得管这些事情了，连奶奶自己都压倒两株棉花哩。奶奶一听说抗战胜利了，"咚"的一声跪在地上，不住地拍手，不住地磕头，不住地念叨："阿弥陀佛！谢天谢地！总算把日本鬼子打跑啦！"

爷爷和大爷都像采茶女一般乐得手舞足蹈，仿佛一下子都变成了孩子。

胡妈妈眉开眼笑地说："多亏了共产党、八路军，要不也不会有今天。"

抗日战争胜利后，蒋介石、阎锡山在帝国主义的支持下，疯狂抢夺抗战胜利的果实，公然发动了内战。刘胡兰在共产党的培养下，积极投入到新的斗争中去。这时，妇救会已改成了妇女联合会，文水县委、县妇联准备在贯家堡开办一期妇女培训班，为县、区培养一批妇女干部。区妇联主任、妇训班班主任吕梅非常希望刘胡兰能参加学习，但在研究受训人员时，村干部估计刘胡兰奶奶不会同意，就把刘胡兰的名字划去了。刘胡兰以为自己的条件不够，但又觉得这是个很宝贵的学习机会，无论如何不能错过。于是她找到吕梅问道："吕梅同志，像我这样的条件，妇训班要不要？"

"你年龄太小，再说了，你奶奶能舍得你去吗？"

"不是说这些。我是问你要不要？"

"这还用问吗？只要你能做通奶奶的工作，就可以参加妇训班学习，我们随时欢迎你。"

刘胡兰觉得她要能做通奶奶的思想工作，简直比登天还难，找村干部去动员奶奶，也不会有好结果。思来想去，觉得要想走出这个家门，只有偷跑这一条路。只要跑进妇训班，生米做成熟饭了，难道奶奶还能把我拉回去？

刘胡兰一向敢想敢做。第二天，她连换洗的衣服都没带，神不知鬼不觉地跑到贯家堡参加妇训班了。

这天吃午饭的时候，奶奶发现刘胡兰不在家，问家里的人，都说不知道。奶奶连忙打发妹妹爱兰到村里去找，可也没有找到。奶奶生气地说："我就不信找不到，她能飞上天去？"

奶奶边说边拄着拐杖亲自出马寻找孙女去了，找遍全村，终于打听到孙女已偷跑到贯家堡参加妇训班了。

妇训班如期开学了。吕主任刚给大家做完学习动员报告，李金香就慌慌张张地告诉她："吕主任，刘胡兰奶奶找上门来啦！"吕主任这时才知道，刘胡兰是偷跑出来参加妇训班的，怪不得连行李都没带。

"我去看看。"吕主任放下茶杯，连忙跑到刘胡兰住的地方。

一进屋，吕主任就看到刘胡兰奶奶坐在炕沿上哭骂，刘胡兰爹爹正蹲在地上抽烟，满屋也见不到刘胡兰的影子。

刘胡兰奶奶见到吕主任，哭骂声立马提高了："我的好主任哩！这个没良心的胡兰子呀！我从小把她抚养到这么大，费心费力，呕尽了心血，她竟撇下我跑来参加八路军啦！你让她跟我回去吧！你们八路军人很多，也不在乎少她这一个……"

吕主任忙向刘胡兰奶奶解释说："妇训班不是八路军，刘胡兰只是来参加学习，一个多月就学完了，学习完了还要回去的。"

吕主任又走进北屋，见到刘胡兰就说："原来你是偷跑出来的。"

刘胡兰笑道："参加妇训班又不犯法。"

"你快去看看，你奶奶闹成什么样子了！"

"不管她怎么闹，我绝不会跟她回去！"刘胡兰胸有成竹地说，"她找不到我也就死心了。她要见了我，拉拉扯扯的，事情反倒更麻烦了。"

吕主任觉得刘胡兰说得也在理。看样子她绝不会去见奶奶的，更不会跟奶奶回去。不知为什么，吕主任刚才对刘胡兰还有点恼火，这会儿反倒喜欢上这个说一不二的姑娘了。

吕主任回到刘胡兰奶奶身边，左劝右劝，劝了许久，终于做通了奶奶的工作，到太阳快落山时，才把刘胡兰的奶奶和爹爹送走。刘胡兰远远地看见爹爹用手推车推着奶奶向回走的身影，心里不住地念叨：奶奶呀，把心放宽些，千万别气病了啊！

妇训班的生活很艰苦，全班年龄最小而又担任小组长的刘胡兰，经常帮助值日的同学拾柴、做饭，和同学们谈心交心。由于敌人的骚扰，妇训班曾几次转移，转移途中，刘胡兰收藏文件、抢背粮食，帮助体弱的同学扛行李。她常常鼓励大家说："八路军打仗死都不怕，咱们还能怕困难？怕困难哪能闹革命？要想打倒吃人的旧社会，非革命不可，即使有天大的困难，也要革命到底！"40多天的培训结束了，刘胡兰不仅提高了文化水平，更懂得了许多革命道理。

过去，刘胡兰怎么都弄不明白：家里吃的穿的用的，所有的一切，明明是两只手劳动换来的，奶奶偏说是神灵赐予的，整天求神拜佛，烧香许愿。奶奶信奉"各人自扫门前雪，莫管他人瓦上霜"的传统理念，反对孙女参加妇救会，坐着手推车到妇训班里哭闹，不让她参加妇联工作。奶奶这么迷信、守旧，难道是天生的吗？不！通过妇训班学习，刘胡兰明白了这都是旧社会吃人的封建礼教毒害的！要是自己也生活在那样的年代里，还不是和奶奶一个样吗？多亏共产党、毛主席，才使自己明白了一些革命道理……刘胡兰明白奶奶虽然思想落后，可是还有很多长处，比如：她勤勤俭俭一辈子，从来没埋怨过生活苦，从来没叫喊过操持家务累。刘胡兰长这么大，穿针引线是奶奶手把手教的，纺线织布是跟奶奶学的，省吃俭用的好品德是奶奶传给她的。虽然奶奶常常骂她，但是无论怎么骂，也压不过这骨肉情，奶奶对她的疼爱是什么都掩盖不住，也替代不了的啊！

妇训班一结束，刘胡兰就像小鸟似的飞到了奶奶的身边。

刘胡兰回来不久，奶奶就病倒了。开头只是伤风感冒，头疼发烧。奶奶自己也没当回事，谁知有一天早晨，奶奶下炕洗脸的时候摔了一跤，一跤就摔得昏了过去。连吃两服中药，又请医生扎了几针，仍不见好转。每天都是昏迷状态，似睡非睡，似醒非醒。

终于有一天，奶奶回光返照般地醒来，醒来就不住地念叨："胡兰子哪里去了，你们快把她给我找回来。"

刘胡兰忙跑过去,拉住奶奶的手说:"奶奶,你看我不是回来了吗?你好点了吗?"

奶奶一见刘胡兰,眼睛显得更亮了。奶奶紧紧地握住孙女的手说:"胡兰子……奶奶眼看不行了……你不要离开我……"

刘胡兰忙说:"奶奶,你安心养病吧,我守着你,哪儿都不去。"

奶奶喘了喘气说:"我这病还能好?请医吃药花了多少冤枉钱,我看二亩地的粮食都不够。"

刘胡兰说:"只要能治好奶奶的病,花20亩地的粮食也值得!"

奶奶说:"我死后办丧事,千万不要讲排场,咱们小门小户人家,能过得去就行啦,省下的就是赚的。"

听了奶奶对后事的安排,全家人都哭了。

奶奶挣扎着伸出双手,用力脱下一枚银戒指说道:"胡兰子,你过来。奶奶没什么值钱的东西,这个戒指,在奶奶手上受了一辈子苦,留给你做个念想吧!"

奶奶边说,边给刘胡兰戴到手指上。刘胡兰望着那枚没有了光泽的银戒指,眼泪像断了线的珠子滚落下来。

难忘一位勤务员

1941年初，云周西村的抗日小学已经停办了。一天上午，刘胡兰走到学校门口时，她看到抗日小学的牌子已经没有了，连门板都被日本鬼子拉去修碉堡了。刘胡兰心里又气又恨，回到家里仍心绪难平，想到被鬼子破坏的校园，不由得伤心落泪。

更让刘胡兰难过的是顾永田县长牺牲了。大爷从外边带回一份《新华日报》，报上说顾永田同志的牺牲"不仅是晋西北人民的严重损失，也是中华民族的重大损失！"

"跟着顾县长，抗日保家乡！"这句响彻文水的口号，仿佛依旧在天空中回荡。奶奶听大爷说顾县长牺牲了，随即跪到佛前烧香祷告，祈求顾县长的灵魂早日升入天堂。

顾永田是江苏铜山人，1936年加入中国共产党，同年被党组织派到延安学习。1938年文水县成立抗日民主政府，年仅22

岁的顾永田任县长。顾县长在文水县的农村建立农救会、青救会、妇救会，广泛发动群众，执行共产党倡导的《抗日救国十大纲领》。

顾永田任县长后做的第一件大事就是在农村废除了按亩摊派的农税征收办法，实行"有钱出钱，有粮出粮，有力出力"的合理负担政策；同时，颁布了减租减息令。这些政策的贯彻实施，使广大农民解脱了沉重的经济负担，生活有了保障。于是，全县掀起参军热潮，人们主动出军粮、交布匹，争先恐后地为八路军做军鞋、军袜。一时间，文水成了晋西北最牢固、最有实力的抗日根据地，广大农村呈现出一派生机勃勃的抗战景象，被人们称为晋西北的"小延安"。

顾永田在文水县除了扩大抗日力量、巩固抗日根据地之外，还十分注重发展生产，改善人民生活。他领导文水人民兴修水利，引汾灌溉，提出"上足下用"新渠章；他组建纺织厂，发展农村经济；他培训教师，兴办学校，培育人才；他禁烟禁毒，保障人民健康；他在文水发行了一种一元券（一元相当于一枚银圆）的流通券，抵制伪钞，促进经济贸易发展。在顾永田领导下，文水人民为抗日战争做出了很大贡献，受到了上级的表扬，文水人民称赞他为"抗日的好县长"，就连阎锡山也不得不承认"文水县是抗日的模范县"。正当文水抗日力量蓬勃发展时，阎锡山在"抗日"的旗帜下露出了反动的真面目，企图用高官厚禄收买顾永田，收买不成，便将顾永田撤职查办。文水人民当即举行示威行动，示威群众高呼口号："坚决抗日到底！""阎锡山派的县长滚回去！""跟着顾县长，抗日保家乡！"示威群众还选出代表到"山西省政府办事处"请愿，一定要挽留顾永田。由于示威声势浩大，阎锡山被迫撤销了查办顾永田的命令。1940年春，晋西北行政公署成立了，在一百多位军民代表大会上，顾永田当选为晋西北行署八分区专员。

1940年以来，顾永田领导的八分区和山西全省一样，遭到日伪和阎锡山叛军的多方夹击。为了坚持八分区抗日阵地，顾永田亲自率领工卫旅22团一部分队伍，插入敌后，转战交城边山一带，牵制敌人"扫荡"。

1940年初，天上没有太阳，天空阴沉沉的。早春的寒风，给黄土高原增添了几分荒凉和冷意。日伪部队地毯式的"扫荡"没有找到抗日部队的主力，只抓了一些壮丁，牵了一些猪羊后便想缩回城里。

顾永田率领的队伍与敌人巧妙周旋之后，潜伏在交城县田家沟附近，准备狠狠地伏击敌人。

敌人大部队过来了，黑压压的见头不见尾。顾永田犹豫了：是打是撤？打么，自己只有一个小分队，怎么能战胜强敌呢？撤么，轻易放走敌人，岂不可惜。顾永田望着大道上飞扬的尘土、凶残的敌人，一时不知如何是好。

敌人拉着壮丁，牵着牛羊，一路上人喊马叫，气焰嚣张。顾永田怒火攻心，忍无可忍，一声令下："打！狠狠地打！"

队员们见顾永田冲上去了，一个个跃身而起，端枪冲出。敌人立马乱了阵脚，刹那间，尘土蔽天，敌尸压道。顾永田率领小分队冲入敌营，几阵厮杀，打死了伪警备队长及日伪军30多人。

正当他们要撤出阵地时，敌人大部队已调整部署，猛扑过来。

"同志们快撤！我来掩护！"顾永田喊着，指挥小分队向山沟撤去。当小分队即将撤退完毕时，敌人已从四面八方包围过来，顾永田再想杀出去已不可能了。

为了掩护其他队员撤退，顾永田不幸中弹，鲜血直流，但他仍坚持战斗。27日黎明，顾永田再次中弹，壮烈牺牲，兑现了他"捐躯沙场，为中华民族求幸福"的铮铮誓言。

听大爷断断续续地讲完顾县长的牺牲经过，全家人都流下了泪水。刘胡兰更加悲伤难过，顾县长的音容笑貌又一一浮现在她的眼前。

文水县抗日民主政府成立后，各村都张贴了县长署名的布告。顾县长在布告里号召全县民众团结一致，有钱的出钱，有粮的出粮，有力的出力，坚持抗战到底！顾县长告知民众，抗日民主政府是人民自己的政府，要为广大群众办事。今后要减免苛捐杂税，努力改善劳苦大众的生活，以利生产、以利抗战等。

爷爷在街上听人们念了布告，喜滋滋地向家里人说："总算遇上个好县长啦，今后只要能把捐税减免一些，这日子就有盼头了。"

大爷却笑道："哪个县长上任不说几句好听的，都说要替老百姓办事，给民众谋福利。结果怎样？三年清知府，十万雪花银！哪个县长不刮地皮？哪个县长不是和地主老财们穿一条腿的裤子？"

村里人也都在议论布告上说的事情，有的人相信，有的人不相信，有的说："顾县长是共产党，共产党就是为百姓办事的。"有的说："说的比唱的还好听，谁知能不能兑现呢？"不久，事实就打消了人们的疑虑。

抗日民主政府办的第一件好事就是改造村政权。县里派出一些工作人员，发动群众民主选举村长，说要选那些积极抗日、敢想敢为，能替劳苦大众谋福利的人当村长。云周西村的人们挑来选去，最后把陈玉莲的二哥陈照德选为村长了。

村政权改选以后，接着村里又成立了农民抗日救国会、妇女抗日救国会、青年抗日救国会等群众组织。多少年来，村里掌权的都是穿着长袍大褂的财主们，如今一下子全换成了"泥腿子"。各抗日团体，都积极开展抗日活动，到处都在谈论抗日救亡的事情，到处都是抗日救亡的歌声。

抗日民主政府又把一切苛捐杂税一笔勾销了，除了缴抗日救国公粮，什么花项都没有。而最让老百姓开心的是废除了旧水规，浇地不再由地主老财们独霸，不论贫富，家家的土地都能及时浇灌了。

春节时，陈玉莲的大爷陈树荣老汉在炉台上贴着红纸写的神位，神位前放着香炉，摆着三碟供献。

刘胡兰好奇地问道：

"陈大爷，你供的这是什么神？"

"什么神也不是，从前供神供够了，如今供的是抗日民主政府。"

"抗日民主政府？"

"对！就是顾永田县长领导的那个政府。要不是顾县长，我永远也还不清那些阎王债，也过不成这个好年！"

"顾县长给你捎来钱还债啦？"

"你真是个小孩子！全县穷苦人多的是，靠顾县长给钱还债，他出得起吗？我问你，你知道是谁下的命令，打破旧水规，把穷人的地也浇了？是顾县长！是谁下的命令，打倒高利债，只还本钱不还利钱？也是顾县长！"

以前，陈大爷根本就不和小孩子说话，可大年初一见了刘胡兰，却说得没完没了。

"顾县长领导各村老百姓，在汾河里打坝，引水冬浇。县里还发放了流通券，一元流通券相当于一元白洋，凡参加水利建设的群众，按劳取酬，老百姓又浇了地，又赚了钱，真是做梦也梦不到的好事。"

说到这里，陈大爷忽然叹了口气，惋惜地说："和小孩子说这些，真是嘴上抹石灰——白说！小孩子就知道过大年，吃好的，穿好的……什么都不懂！"

陈大爷边说边顺手拿了一串供献着的柿饼，分成两个小串，硬塞到刘胡兰姐妹俩的口袋里。

其实，陈大爷的话刘胡兰听懂了，虽然有些事情不完全清楚，但刘胡兰已明白，顾县长是真正为老百姓办事的共产党，顾县长的这些做法，让全县穷苦人都过上了好日子。

1939年春的一天，村里忽然响起了铜锣声，通知人们吃完午饭到村西头槐树场里去开会,说顾县长来了,要给大家讲话哩!

听到这消息,刘胡兰全家都是又惊又喜,谁都没想到顾县长会到村里来。奶奶吃惊地说:"是不是村里闹出什么大乱子了,要不县长怎么会来?"爷爷似乎不大相信:"县长来了?不可能吧,怎么事先都没听到一点点风声?"

爷爷知道县长是个大人物,是轻易不到村里来的。从他记事起,县长只来过云周西村两次。头一次还是在大清年间,那时候不叫县长,老百姓都称县大老爷。那次是新上任的县大老爷来拜会石玉璞的爷爷。那时,凡是新上任的县大老爷,都得和地方上有钱有势的人物交结好,有了这个"护官符",才能坐稳官。石玉璞的爷爷是大乡绅,因此县大老爷就亲自上门来拜访了。第二次是在民国初,因为,浇地闹出了命案,县长是来验尸的。这两次都是前两三天县里就事先来了公文,于是村里杀猪宰羊,清水洒街,黄土垫路……可真是"大人物出动,山摇地动"。村里人没日没夜地折腾了好几天,才把"官差"应付过去。"一朝被蛇咬,十年怕井绳。"爷爷奶奶亲身经历过这种事,因此骤然听说县长来了,怎么能不吃惊呢?

刘胡兰一家向来对开会不感兴趣,能不去就尽量不去,实在躲不过,就随便去一个人应付。这次却与往日不同了,听说是顾县长召集开会,全家都急着要去参加,一个都没有落下。

顾永田在文水当县长还不到一年工夫,就已经在群众中树立了很高的威望。庄户人每逢提起顾县长,都赞不绝口。有的说:"共产党人就是不一样,当官处处为百姓!"有的说:"这可真是万中挑一的好县长呀！"有的说："这个县长真是打着灯笼也难找的好清官呀！"就连不肯轻易夸人的大爷也常说："想不到这个顾县长，还真有两下子，布告上开的支票全都兑现了！"平日里，刘胡兰常常听大人们这么议论，她早就知道顾县长是个共产党，是个好人，可是并没有放在心上。自从大年初一听了陈大爷说的那些话，看了陈大爷供献的神位以后，不知怎的，心里老是惦记顾县长，她真想亲眼看看这个共产党，看看这个好人。以前她也曾经这么胡思乱想过："要是顾县长能来云周西村，那多好啊！"做梦也没想到，今天顾县长真的到村里来了。

刘胡兰边急急忙忙往会场跑，边不住地猜想：顾县长究竟是个什么样子呢？一定长得英俊威武，穿戴很阔气，一定超过石玉璞。大概岁数也不小了，总有爷爷那么老吧。对！一定是这样的，要不怎么能当县长呢？

当刘胡兰急急忙忙跑到槐树场里的时候，会早已开始了。会场里黑压压站着一大片人，连四周的土围墙上和场西边的那四棵老槐树上也爬满了人。刘胡兰急着想看县长是个什么样子，忙弯下腰从人缝中挤进去，一直挤到最前边。只见场棚前摆放着一张三条腿的旧木桌子，有一个人正站在桌子跟前演讲。她以为这个人一定就是传说中的顾县长，可仔细一看，才看清原来是个新兵蛋子。只见他穿着一身灰布军装，打着绑腿，腰里皮带上挎着一把小手枪。刘胡兰看这人有点面熟，好像在什么地方见过似的。猛然间想起来了，就在今天上午，她还见过这个人，还和这个人说过几句话，怪不得有点面熟呢。

原来，刘胡兰上午去田里给耕地的爷爷送开水，路过观音庙门口的时候，正碰到这个人和村长陈照德说话，只听他说："共产党人就是要为中华民族谋求幸福。我为百姓做点事情是应该的，因为我就是人民的勤务员，就是为百姓服务的。"

当这个勤务员看到刘胡兰时，亲切地问道："都这么高了，应该上学了，为什么不上学？"

"村里没有学校，原先的学校早就停办了。"

"这是到哪里去？"

"去给爷爷送开水，爷爷在田里耕地。"

"冬天里，地里浇上水没有？"

"今年浇上啦！往年都是石玉璞浇地，轮不到咱们。"

这个勤务员一听就哈哈大笑。然后笑着和陈村长一起向庙东边走去，边走边说要在村里开办抗日小学的事情。刘胡兰当时就觉得很奇怪，这个勤务员怎么一开口就能问到她心里想的事情呢？

这个人亲口说过他是勤务员，当然不会是县长了。那么顾县长是哪一个呢？就在这时，忽然有个人拍了一下她的肩膀说："你怎么到现在才来？"

刘胡兰扭头一看，原来是李金香和陈玉莲。刘胡兰也顾不得回答她们，忙问道：

"哪一个是顾县长？"

"就是正在演说的这个人呀！"

"真的？"刘胡兰有点不相信，他自己明明说过是勤务员，怎么一下子变成顾县长了呢？但既然大家都说他是顾县长，也不能不相信了。

"顾县长都说了些什么？"

"顾县长说日本人妄图用三个月灭亡中国，如今已经打了20多个月，反倒打出许许多多的抗日队伍！"

刘胡兰抬头向旧木桌前望去，只见顾县长把手臂一挥，非常严肃地说道："要打垮日本帝国主义，并不是一件轻而易举的事情。有些人看到我们打了几个大胜仗，就以为日本鬼子不中用了，很快就要垮台了。这种想法是错误的。毛主席告诉我们，只有进行艰苦的持久战，才能取得最后的胜利。"

顾县长一边端起旧木桌上的洋瓷茶缸喝水，一边向会场里扫了一眼，满会场的人也都眼睁睁地望着他。会场里鸦雀无声，村里开会从来也没有像今天这样安静过。老年人常有的咳嗽声也没有了，连怀中的婴儿也不哭不闹了，仿佛也在倾听似的。全村人好像都怕漏掉一句半句，静静地站在会场等着顾县长说下去。

顾县长放下茶缸，一手按着旧木桌子，一手在空中挥舞，眼睛盯着会场西边老洋槐树上的人，大声地说道："不要看眼下的云周西村太平无事，说不定哪天，敌人也会打到这里来，甚至在这里修碉堡、扎据点。即使环境变坏了，只要大家有抗日的决心和胜利的信心，团结一致，万众一心，支援抗战，最后的胜利就会属于我们，也一定会属于我们！"顾县长停了一下，忽然提高嗓门向全场人问道："各位父老兄弟姊妹们，刚才我说的这些话有没有道理？"

"有道理！"人们异口同声地喊了起来。整个会场里像山洪暴发一样，震得四周围墙上的泥土都直往下落。接着就有人纷纷议论：

"顾县长说得太好了！"

"全是掏心窝子的话！"

"说得头头是道。"

"连我这个小孩子，也知道什么是持久战了，就是要打好多年，才能把日本鬼子打败！"

顾县长红光满面地笑道：

"你们以为我有这么大的能耐？以为这些道理是我讲的？不是，这是毛主席说的。这是毛主席在延安抗日战争研究会上所作的讲演《论持久战》中说的，这就是全中国抗战胜利的法宝……"

顾县长的话还没有讲完，人们又交头接耳地议论开了。有的说："共产党里头有高人，这话说得真有学问。"有的说："怪不得八路军老打胜仗，有能人指挥哩！"有的说："共产党的这个办法就是好，要是全中国都听毛主席指挥，一定能把日本鬼子打败！"

顾县长一直等人们静下之后，才开始劝老百姓要种好庄稼，支援抗战，说多织一尺布，多打一升粮，都是对抗战的贡献。还说今后要实行合理负担，要减租减息，要改革那些不合理的旧制度，只有这样，广大农民才能好好进行生产。粮食打多了，军队和老百姓都能吃饱穿暖，打日本鬼子才能更有劲头。

顾县长说的这些话，刘胡兰大部分都能听明白，还时不时地议论几句。而大人们听得更加起劲，会场的气氛空前活跃，人群中不时发出赞叹声和欢笑声。

散会之后,有好些人还站在那里不愿离开。原先站在后面的人,都想更清楚地看看顾县长,这时都拥到前边来了。刘胡兰发现陈大爷也在这群人里。只见他像刚喝了酒似的,满脸通红,两眼湿润,大张着嘴巴,像想说什么又说不出口似的,样子有点像哭,又有点像笑。刘胡兰想:"好半天都没有听到陈大爷说话,陈大爷一定是不知道说什么好了。"

人们用好奇和感激的目光望着顾县长,一直等到区、村干部们陪着顾县长离开会场,大家才陆续散去。

回家的路上,刘胡兰听到人们议论的都是顾县长的事情。有的说:"顾县长在延安学习过,文武双全!"有的说:"顾县长是个年轻的共产党,二十出头就当了县长,真了不起!"有的说:"今天上午这个人在村里还和我拉闲话呢,谈了好半天老百姓的生活和负担问题,我怎么也没想到他就是顾县长!"

刘胡兰回到家里,家里人也在议论刚才开会的事。

大爷说:"以前开会,作报告的人总是说的老一套,会议开着开着人都跑光了。听听人家顾县长是怎样说的,真是有条有理,头头是道,不能不让人口服心服。"

爷爷说:"真是个好县长,既能说,又能干,上任还不到一年,就给咱们办了这么多的好事。"

刘胡兰忍不住地插嘴道:"听说才二十出头!上午还问我上学、浇地的事情,我只觉得这个人怪和气的,怎么也没想到他就是顾县长!"

奶奶说:"二十出头就当了县长,太年轻了。"

大爷说:"岁数小怕什么,只要能干。秤砣虽小,还能压千斤呢!"

从开会回来到吃晚饭,从吃晚饭到上炕睡觉,全家人说的都是顾县长,就连从来不愿多说话的爹爹,也把顾县长夸成了一朵花。

当天晚上,刘胡兰心情比大人们还要激动,躺在炕上翻来覆去睡不着,脑子里老是浮现出顾县长的样子。看来顾县长除了年纪轻,没有一点特别的地方,穿戴打扮和常来常往的那些抗日干部差不多。可他为什么那样有本事呢?是不是因为他是从延安来的,是不是因为他是共产党?共产党都是为老百姓谋幸福的。就是靠了这个人,家家的地都浇了,户户的债都还了,人人的脸上都有笑容了。他明明是一县之长,为什么偏要说自己是个勤务员呢?

第二天,刘胡兰碰到了农会秘书石世芳,就忍不住地问道:"世芳叔,顾永田是县长吧?"

"是的是的,你昨天不是见到顾县长了吗?顾县长还向你了解浇地和上学的情况呢!"

"可是,县长也当勤务员吗?"

"当勤务员?"石秘书听了一头雾水,忙问,"谁说的?"

刘胡兰笑道:"顾县长亲口说的。昨天上午,我听见他对陈村长说:'我就是个勤务员,人民的勤务员,是为百姓服务的。'"

石秘书想了想,忽然笑道:"顾县长是说,共产党当县长与以前的县长不一样，以前当官的坐在老百姓头上，专门欺压老百姓，而共产党的干部都是人民的勤务员，是勤勤恳恳地为老百姓着想，为老百姓办事的。"

"怪不得顾县长对老百姓这么好，真像一位勤务员！"从此，这位勤务员的音容笑貌就在刘胡兰的脑海里扎根了，让她时常想起，永不会忘记。

做人要做硬骨头

就在顾永田牺牲的同一天，刘胡兰得知云周西村的文书石居山被敌人的宪兵队抓去了。

刘胡兰原先认为石居山是个好人，过去抗日干部们来了，吃呀，住呀，开会叫人呀，以及送信送文件呀，都是他的差事，工作非常积极。但有一次石居山看到刘胡兰在撕下日本鬼子张贴的"中日友善""大东亚共荣"标语时，连忙阻止，还吓唬刘胡兰说："大白天干这事，你不想活啦！"从那以后，刘胡兰就认定石居山是个软骨头。

当天上午，刘胡兰在观音庙里看到门廊下吊着石居山，两个穿便衣的汉奸，正用马鞭狠狠地抽打。刘胡兰悄悄地躲在庙里，看到敌人继续拷打石居山，打一阵，问一阵，问他村里有没有共产党，问他村里原来的干部们躲到哪里去了，问他救国公粮埋藏在什么地方……敌人一会儿威胁，一会儿利诱。那些话，刘胡兰听得清清楚楚。敌人说只要他供出粮食埋藏的地方，马上就放了他，还给他很多钱；要是不说，马上枪毙。开头，石居山一口一个"不知道！"后来就开口大骂了，骂日本鬼子，骂汉奸，还说："老子就不告诉你们，把老子一枪崩了好啦！狗日的，迟早不得好死，中国人非把你们这些狗日的打败不可！"

刘胡兰真没想到石居山居然是个硬骨头！他被打得昏了过去，敌人就用凉水把他浇醒过来，但他始终也没有说出一句真话。后来敌人就把他绑在马车后边带走了。刘胡兰清楚地看见石居山的两条腿拖在地上，全身的衣服都被抽打破了，血淋淋的，方方正正的脸上全是血渍。马车走动的时候，他的头东倒西歪，两只脚在泥土路上划出了两道带血的小沟。

傍晚的时候就听人说，石居山到了县城，日本太君亲自给他松了绑，敬烟敬茶，封官许愿，要他供出村里的共产党组织，村里谁是共产党。他一句话也没说。日本鬼子火了，当场就给他上刑，内五刑和外五刑全使上了，死过去好几次，可他就是咬着牙不开口。后来，日本鬼子就撬开他的嘴，用老虎钳子拔他的牙齿，拔一颗，问一句，要他说话，他就是不吭一声。结果把他满嘴的牙齿都拔完了，他至死都没有吐出一个字。

刘胡兰不会忘记，之前到她家动员她报名上学的就是石居山。他看上去像个文弱的书生，原来是个连日本鬼子都奈何不了的硬骨头！

同是村干部的石三槐自豪地说："不是我替我们云周西村吹

牛，说到抗日，全村除了少数几家不可靠的，不论大人小孩，都不含糊！'疾风知劲草，板荡识诚臣。'环境好的时候，哪个村的人都敢喊：'打倒日本帝国主义！'环境变坏以后，这就看出哪个村老百姓的骨头硬了。为啥都说我们云周西村是'小延安'，这是有来由的。"

刘胡兰知道，自从敌人开始大"扫荡"，区上县上的抗日干部、地下党一直就没离开过这个地区，很多干部、党员都隐蔽在云周西村。虽然敌人三番五次地到村里来搜查，对群众威胁、利诱，甚至严刑拷打，但从没有一个人在敌人面前说过实话。就连一些普通的家庭妇女，在这场残酷的斗争中也都像共产党员石居山一样，骨头硬得让日本鬼子无可奈何。

石三槐说："以前，敌人都是早饭以后到村里来搜查，而抗日干部天一亮就躲到野地里去了，到天黑才回村。可有一天，敌人耍了个新花招，来了个'拂晓袭击'，下半夜偷偷地包围了村子，村街上五步一岗，十步一哨，等着天亮以后抗日干部们自投罗网哩！谁都没有料到日本鬼子来这一手。天亮时，陈玉莲她娘最早觉察到鬼子进村了，就拿个簸箕假装去刘莲芳家借米，其实是去通风报信，她知道有几个区干部住在刘莲芳家里。玉莲娘还没走到刘莲芳家门口，就被敌人的哨兵截住了。敌人拿刺刀逼着她返回，还不准她高声大语。她看出敌人是怕惊动抗日干部哩！就装出害怕的样子大声地哭喊开了：'皇军大人呀！我是个好人呀！'气得敌人拿枪把子打她，她借机哭喊得更凶了。"

刘胡兰忙问："后来呢？"

"后来,她的哭喊声把抗日干部们惊动啦!他们没往村外跑,爬墙跳屋藏了起来。那回也多亏刘莲芳骨头硬,要不也得出点漏子!"

"后来呢?"

"敌人那天在街上白等了一早上,连抗日干部的影子都没有见到。接着就挨家挨户地搜查开了。他们发现刘莲芳家一间空屋里好像住过人,于是就拷问刘莲芳。刘莲芳就是不承认家里住过人,敌人又把她捆到院子里,浑身浇上水,让她在冰水里挨饿受冻。刘莲芳受了好多刑罚,始终都没有说出一个字。等敌人走后,她身上的衣服全都结冰了,看上去就像一个巨大的冰棒!"

"后来呢?"

"后来她被冻得大病了一场。"

刘胡兰听了三槐叔说的这些事,心里非常激动。刘莲芳被敌人浇水冰冻的事,她以前也听大爷说过,可当时刘胡兰并不知道刘莲芳家真的住着抗日干部。原来,刘莲芳是为了掩护抗日干部才宁死不屈的啊!

像刘莲芳这样的家庭妇女,在云周西村并不少见。从外地带着李金香改嫁过来的李薏芳,就是令人难忘的一个。

1942年春,抗日干部常聚集在李薏芳家开会。夏收时,由于交通员阎正的叛变,日本鬼子带着一条狼狗闯进了李薏芳的家,他们在一堆没洗的衣服里挑出一件小布衫让狼狗闻了闻,那狼狗掉头就跑,然后就把躲进别人家的李薏芳找了出来,敌人审问她,谁是共产党？区干部去了什么地方？敌人没问出结果，那个叛徒阎正说，区干部就是在她家吃的饭，并劝李薏芳说："事情已经包不住了，你就说实话吧！要不，我活不成，你也活不成！"但李薏芳一口咬定根本没有这回事。敌人审问了半天，她也没有松口。后来，日本鬼子就放狼狗咬她，咬一阵，问一阵，咬得她满地打滚。日本鬼子折腾了整整一上午，见问不出个所以然，便灰溜溜地回去了。

人们称赞李薏芳是个硬骨头，像个云周西村的人。

刘胡兰从地里拾麦子回来，知道李薏芳的遭遇后，她心里既难过，又着急，简直说不出是什么滋味，连饭也吃不下去，她放下饭碗，转身就跑到了李金香家里。李薏芳昏昏沉沉地躺在炕上，身上盖着块白被单，被单上沾满了血水和汗水。她披头散发像疯了一样，还不住声地哭喊：

"我不知道，我什么都不知道……咬死我……我也不知道呀……"

屋里很闷热，有的人摇着扇子给她扇凉，有的人在说安慰她的话。李金香趴在妈妈身旁，哭得像泪人一样，嗓子都哭哑了。

李薏芳哭喊了一阵，就慢慢地入睡了。人们怕惊醒她，都陆陆续续地离开了。刘胡兰又陪着李金香坐了一会儿，这才轻手轻脚地走了出来。

回家路上，刘胡兰不由得想起那个看着跟好人一样的叛徒阎正，后又想起了韩华。韩华也是交通员，是个闷声不响的年轻后生，在阎正之前常到云周西村来。今年春天，有一次从山上下来送文件，快到云周西村时遇到了敌人。敌人围住他要搜身，韩华怕文件落在敌人手里，猛然抽出手枪打倒一个敌人，然后拔腿就跑，敌人紧追其后。韩华一口气跑进老坟茔里，边和敌人战斗，边点火把文件烧毁。后来眼看敌人从四面八方包围过来，敌人喊叫着要活捉他。于是他就用最后一颗子弹结束了自己年轻的生命。敌人空忙一场，什么都没有得到。刘胡兰敬佩这个叫韩华的交通员啊！她以为当交通员个个都是好样的，却不料阎正竟是个软骨头！刘胡兰想，韩华和阎正同样都是交通员，差距怎就这么大呢！谁能想到相貌堂堂的阎正竟是个软骨头！

这天下午，刘胡兰没有去地里拾麦子。

第二天早饭后，刘胡兰包了一包麦子，到村街上换了十多个鸡蛋，随后提着鸡蛋去了李金香家。

李薏芳已经清醒过来了。她靠着一叠被子，半躺半卧在炕上，脸上没有一点血色，全身扎满了绷带，就像刚从前线上下来的伤兵。

李薏芳见到刘胡兰，显得分外高兴："胡兰子，总算又见到你了！"她见刘胡兰提来一筐鸡蛋，赶忙说："拿鸡蛋来做什么呀，我这里有，拿回去，拿回去！"

李金香忙揭开一个竹篮上面的手巾，只见里边全是吃的，有鸡蛋，有挂面，有糕点，有水果。李金香告诉刘胡兰说，这些都是抗日干部和邻居们送来的。她要刘胡兰把拿来的鸡蛋再拿回去。

刘胡兰说："各人是各人的心意嘛！再说了，这是我拾麦子换的，谁也管不着。"

"那就留下吧。"李薏芳说,"真没想到,全村人都对我这么好,我也活得像个人了。"

李薏芳就像憋了一肚子苦水似的,不由得向刘胡兰倾诉开来:她是个苦命的女人。五岁时死了母亲,九岁时死了父亲。十六岁就嫁给了南庄一个姓武的,姓武的是个败家子,先学会抽大烟,后又学会打麻将,三下五除二,把一份家当败个精光。卖完田地卖房子,卖完房子卖老婆,半斤大烟土就把她母女俩卖到了云周西村。母女俩就像从水坑跳进了火坑一样,受尽了男人的折磨。这个丈夫是个打老婆的高手,打老婆就像县衙门里拷打罪犯一样。她挨了打也没地儿申诉,只能背地里抱着女儿哭。自从抗日民主政府成立后,倡导婚姻自由,男女平等,特别是抗日干部们经常到她家来,丈夫再也不敢像以往那样欺辱她们母女俩了。她觉得这些抗日干部、地下党就像自己的亲人一样,甚至比亲人还亲。每次他们来开会,她就主动和女儿一起跑到街口为他们站岗放哨,通风报信。

刘胡兰听了连声称赞,称赞李金香,更称赞李薏芳。刘胡兰又看了看她的伤口,伤口被绷带扎得严严实实。

"那狼狗下口真狠,咬得腿上的骨头都露出来了!"

"你可真是个硬骨头!当时疼不疼呀?"

"尽说傻话!都是人生父母养的,又不是钢造铁打的,怎能不疼?"

"那个阎正看着像个人,原来是个软骨头!"

"我就是受了阎正这个软骨头的害!他还有脸来劝我也当软

骨头,我要是再当软骨头,还不知有多少抗日干部、地下党受害哩!"李薏芳激动地说,"当时我就横下一条心了,就是拼上性命,我也不会告诉他们抗日干部的去处!"

刘胡兰听了不住地点头,她打心底里敬佩李薏芳,想不到她的骨头这么硬,这么有志气!

让刘胡兰打心底里敬佩的硬骨头,除了李薏芳、刘莲芳、石居山、韩华,还有两个小通讯员。

这两个小通讯员,一个叫武占魁,有十五六岁,看起来像个大人似的,又老实,又稳重,话都不爱多说一句;另一个叫王士信,年纪比武占魁稍大一点点,可是比起武占魁来,又爱说,又爱闹,完全像个小孩子。这两个小通讯员,刘胡兰都认识,他们经常到云周西村来,作为村儿童团长的刘胡兰,听他们讲过好多新鲜事,听王士信说,他们还见过贺龙司令员呢!

夏末秋初的一天,这两个小通讯员活活地被敌人打死了,一个死在村南头,另一个死在街东头。

街上到处是三三两两的人群,大家都在惋惜这两个小通讯员,小小年纪就敢拼敢打,不怕死……刘胡兰听人们说,尸体已移到观音庙那边去了。刘胡兰随着一些人向南走去,远远就看到观音庙旁护村堰上围着一伙人。当她走过去的时候,只见武占魁和王士信静静地躺在两扇门板上。武占魁穿的那件白布小衫,几乎全被鲜血染红了,紧闭着双眼,紧闭着嘴唇,就像刚刚睡着一样。他的战友王士信,躺在他身旁的另一块门板上,光着膀子,还穿着红色的兜肚,脸上全是血迹,连眉眼也分辨不清了,只露出一行白白的牙齿,牙齿紧咬着。刘胡兰望着这两个死去的小通讯员,一点都不觉得害怕。刘胡兰知道他们再也不会活过来了,可她又总觉得他们好像都没有死,昨晚上他们说话的声音,好像还在耳边回响。

昨天晚上,刘胡兰还和他们一起讨论过什么是气节。

王士信说:"当个好通讯员不容易,要勇敢,要机警,还得有气节。气节最重要了!气节,就是,就是……"他说了半天也没有说清楚气节究竟是什么。

刘胡兰插嘴道:"气节就是硬骨头!就是像韩华那样,宁死不当俘虏;就是像石居山那样,把牙齿拔光了也不吐一个字;就是像顾永田那样,在危急关头牺牲自己,掩护队伍撤退……"

王士信高兴地说道:"对!刘胡兰说的对!这就是气节!"

他们从气节谈到云周西村和文水县牺牲的一些烈士,从牺牲的烈士又畅想到抗战胜利。后来,不知怎么就说到了抗战胜利最后牺牲的那个人是谁?王士信说:"实话对你们说吧,要让我现在打仗死了,我不怕。我就怕当最后胜利时候死的那个人。你们想想,眼看最后胜利就差那么一点点了,可自己一眼都没有看到就死了,多冤啊!"

刘胡兰故意向不爱说话的武占魁问道:"武大哥,要是偏偏轮到你当最后牺牲的那个人,你怎么办?"

武占魁毫不犹豫地说:"轮上当就当。少了那么个人胜利不了嘛!只好当,也必须当!"

武占魁简单的回答,让刘胡兰听了非常感动。她觉得王士信说的也是真心话，谁不愿意活着看到抗战胜利呢？她忽然又想到万一轮到自己当那个最后牺牲的人呢？她觉得武占魁说得很对，只好当！必须当！要不胜利不了呀！

刘胡兰正这么胡思乱想，忽然听到妈妈胡文秀喊她回家吃晚饭，就和这两个小通讯员告辞了。

第二天，天快亮的时候，村里突然响了几枪。清脆的枪声把全家人都惊醒了。刘胡兰见爹爹和妈妈都已起来了，也急急忙忙地穿衣下炕。

这时枪声大作，中间还夹着手榴弹的爆炸声。这下可把全家人吓慌了，谁也不知道村里发生了什么事情。刘胡兰猜想一定是住在村里的胡区长和两个小通讯员出事了。她急于想弄个明白，也顾不得害怕了，拔腿就往外跑。刚跑出屋门，就听远处传来了"咿哩哇啦"的叫喊声，同时有人命令道：

"捉活的！捉活的！"

"投降吧！你们跑不了啦！"

刘胡兰不由得吃了一惊。妈妈胡文秀在屋里连声喊她回去，她没有理会，慌忙跑到大门跟前，从门缝中向外张望。只见街上灰蒙蒙、空荡荡的，看不出有什么变化，却又预示着急剧的变化就要来临。这时枪声停止了，北边却传来一片杂乱的脚步声。随着脚步声的临近，从北边巷口里一前一后跑出两个人来。前边的一个穿着件白布小褂，看样子像武占魁，出了巷口一个劲地向南跑，边跑边不住地叫喊："狗日的，有本事来活捉老子吧！"紧跟在他后边的一个人光着膀子，只带个红兜肚，样子像是王士信。

他一出巷口就往东拐了。接着就从巷口里追出一伙穿黄衣服的日本鬼子和一些穿黑衣服的伪军来。敌人出了巷口,喊叫着直往南追。刘胡兰看在眼里,急在心上,直抱怨武占魁,为什么不拐弯呢？正在这时,只听拐向东街的王士信边打枪边大声地喊道:

"老子在这儿!别他妈的像没头的苍蝇找错了目标!"

听到喊声,立马就有几个敌人向东街追了过去。刘胡兰急得直跺脚,恨不得能扔颗手榴弹把向东街跑的敌人全都炸飞。就在这时,爷爷的大手像钳子一样把刘胡兰拉进了院子:"你不想活啦!"

爷爷的斥责,刘胡兰像没听见似的,心里只想着武占魁和王士信这两个通讯员。她真弄不明白,他们不赶快跑,为什么要那么大声地叫喊,把自己暴露给敌人？这不是诚心和自己过不去,拿自己的性命开玩笑吗？

外边的枪声又响起来了,同时还夹杂着手榴弹的爆炸声。过了一会儿,枪声停止了,街上也渐渐平静下来。到吃早饭的时候,刚才出去探情况的大爷低着头回来了,他说死了一个伪军,伤了两个伪军和两个日本鬼子。他还说胡区长的两个小通讯员也牺牲了!

刘胡兰听到这个沉痛的消息,泪水像豆子一样滚落下来。吃到嘴里的一口饭,怎么都咽不下去。全家人听到这个消息也都唉声叹气,都急忙问大爷是怎么回事。大爷说,听街上人讲,昨晚胡区长和两个小通讯员住进了村北的院子里。黎明的时候,他们正准备起身出发,却发现敌人把院子包围了。当时,胡区长趴在二门跟前向大门口的敌人射击,同时命令两个小通讯员赶快跳墙冲出包围。可两个小通讯员不听命令,坚持要区长先走。正在这时,大门外的敌人向院子里冲了进来。两个小通讯员为了吸引敌人,掩护胡区长脱险,他们一连向敌人扔了两颗手榴弹,然后就叫喊着冲了出来。于是成功地引开了敌人,胡区长脱险了。

刘胡兰听大爷这么一说,才明白武占魁和王士信为什么要一边跑,一边叫喊,原来他们是故意要引开敌人。这两个小通讯员为了掩护胡区长脱险,连自己的生命都不顾了。刘胡兰心里很悲痛,同时又产生了一种由衷的敬佩之情。

在观音庙旁边,人们围着武占魁和王士信的尸体不住地流泪。刘胡兰也忍不住哭出声来。她哭着看了看躺在门板上的两个小通讯员,又哭着离开了观音庙。

石世芳正向观音庙赶来,见刘胡兰哭成泪人模样,便停下脚步劝道:"这笔血债,还有好多笔血债,迟早都要还清的!"石世芳停了停又说:"胡兰子,不要哭了,人死不能哭活……要紧的是在心里永远不要忘记他们,要向他们学习,学习这种连死都不怕的硬骨头精神!"

刘胡兰紧握双拳,含泪点着头说:"世芳叔,我不再哭了。你说得很对,对极了!我一定在心里记着他们,学习他们,像他们一样做一个连死都不怕的硬骨头……"

办冬学脱颖而出

延安《解放日报》曾以《夏陶然的道路》为题,号召全国学习夏陶然的办学经验,开展勤工俭学和勤俭办学活动。

夏陶然是江苏睢宁人,1939年参加八路军,1940年加入中国共产党,1943年负伤转业,任泗洪县峰山乡中潼村小学校长兼教员。夏陶然在任中潼村小学校长时,开创的教育与生产劳动相结合的教育方法,毛泽东主席非常赞赏,延安广播电台也作了专题报道。

其实,刘胡兰在参加区妇训班学习时,就已经实行教育与生产劳动相结合了。刘胡兰在区妇训班学习结束后,刚回到云周西村的第三天,区妇联主任吕梅就找到刘胡兰、李金香和陈玉莲说:"目前,全国都在推行教育与生产劳动相结合,县里也在动员各村办冬学……云周西村妇联工作没人负责,张月英怀着孩子,又生病……我和村干部研究，决定让刘胡兰代理妇联秘书……"

刘胡兰急忙说道："吕主任，这事我可干不了。你要我跑跑腿、叫叫人还行。我怎么能担起这么大的责任呢？"

吕主任笑着说道："我就知道你要说这些话。"接着，又严肃地说道："工作总得有人做呀！你已参加过妇训班学习了，还不知道妇女工作的重要吗？妇女占人口的一半，不能没有人管。"

刘胡兰说："可是我干不了呀！我既没经验又没本事。"

吕主任说："你说谁能干得了？谁有经验？经验是从工作中得出来的，谁也不是天生就有一套领导妇女工作的本事！不会就慢慢学习吧。"吕主任又看了看李金香和陈玉莲，接着对刘胡兰说："你领头干，我让金香和玉莲帮助你，怎么样？"

刘胡兰默默地听着，心里不停地盘算着。她觉得吕主任讲得很对，妇女工作是很重要，这工作必须有人做，这个担子是很重，困难一定很多。既然领导把这副担子委托给自己，怎么好意思推辞呢？她思前想后考虑了半天，见吕主任等着她答话，就点了点头说："我就怕把工作搞坏哩！"

吕主任看出刘胡兰已经答应了，回头对金香和玉莲说道："怎么样？你们也同意了吧！"

李金香和陈玉莲说，只要刘胡兰答应领头干，她们没说的。

吕主任告诉她们说，目前要做的工作是把冬学办起来，要认真学习先进的办学经验，实行教育与劳动相结合，利用冬学向妇女进行革命意识教育。办冬学要在共产党的领导下，按照"农闲多学，农忙少学，大忙不学"的原则，组织妇女在冬学班内学文化、学政治。有关减租减息、除奸反霸、男女平等、拥军优属等党的方针政策，也都要在冬学班内贯彻宣传。

吕主任讲完这些，又和她们一起研究下一步工作如何开展。决定明天就召开全村妇女大会，会上宣布刘胡兰代理妇联秘书的事，并由刘胡兰讲话动员妇女上冬学。吕主任因为还有重要任务，不能参加明天的会。她把开会的事委托给村农会秘书石五则办理。

第二天早饭后，刘胡兰听着街上敲锣召集全村妇女们开会，心里不由得紧张起来。她把昨晚写下的讲话提纲装在口袋里，慌慌忙忙地跑到了观音庙（村公所）。

从前日本鬼子在的时候，村里从来没有开过妇女大会，有事只分片开小型会。今天头一次开大会，妇女们还没有这个习惯哩。锣响三遍，才稀稀拉拉地来了十多个人。又等了老半天，村公所的院子里总算热闹起来了，黑压压地坐了满地人。妇女们叽叽喳喳地说笑着，你的衣服好看啦，她的头发梳得发亮啦，东家长西家短，一扯起来就没完没了。七八十个妇女聚在一起，真快把天也吵塌了。石五则大声叫嚷了一阵，大家才安静下来。石五则顺势站在台阶上宣布说：

"张月英生病请假了，和上级研究以后，决定村妇联秘书暂时由刘胡兰同志代理，金香和玉莲协助。现在咱们请刘胡兰同志讲话。"

石五则说完，带头拍了几下手。人们都没有鼓掌欢迎的习惯，而且有的人拿着针线活，有的抱着小孩子，也腾不开手。只有少数几个妇女"噼噼啪啪"地拍了几下子。掌声拍得不响，可吵闹声又响起来了。刘胡兰红着脸站到台阶上，刚讲了几句话，她的声音就被妇女们的笑声给淹没了。

"呀！这就是刘景谦家的大闺女吧？转眼间就长这么大啦！"

"他三婶子，都说胡兰子是村花，模样长得真俊！"

"他二婶，你看人家那头发，剪得和八路军一样啦！"

"听说提亲说媒的踏破门槛，可她一个都没看上！"

"不会吧，私下里已定亲啦！"

"……"

昨天晚上刘胡兰虽然做了充分准备，她把该讲的话一句一句都想好了。可是她从来没有在这么多人面前讲过话，看见一院子人都望着她，还指指画画地议论，心里就慌了，好像鱼刺卡了喉咙，怎么也讲不下去了。人们见她这个样子，吵嚷得更凶了。二寡妇在人群中高声地叫道："胡兰子，讲得还没有唱得好听呢，给大家唱一个吧。"

二寡妇的玩笑话，一下子引得大家都哄笑起来。会场也乱了。刘胡兰站在那里又急又羞又气，脸更红了，头上也冒出了汗珠。她真想跑下台阶，找个地方躲起来。可是又一想，觉得那不是等于当逃兵吗？还能就为这点小困难耽误了办冬学的正事？这么一想，心里反而平静了。

李金香和陈玉莲见人们吵吵嚷嚷，很替刘胡兰着急。她们又拍手又跺脚又叫喊，想要维持会场秩序，可谁也不理会她们，气得她俩直想哭。后来还是石五则站起来大声训斥了几句，人们才稍稍安静了些。刘胡兰清了清嗓子，提高声音认真地说道：

"各位婶子、大娘,我和金香、玉莲都是你们从小看着长大的,我们都没有做过妇女工作,要论本事,在座的好多人都比我们强。就说我吧,不讲别的,连个话也说不好。今后我有什么不对的地方,还得请大家多指点,多鼓励,多帮助……"

这时,会场上突然响起了一阵掌声,大家都觉得刘胡兰讲得很亲切,就像拉家常似的,一下子拉近了彼此间的距离。

刘胡兰没想到这几句提纲上没准备讲的话,倒起了很大的作用。会场里马上鸦雀无声了。刘胡兰接着平静地按提纲讲了下去,首先,讲云周西村妇女们对革命的贡献,在残酷的环境里,给部队做军鞋做军袜,掩护地下党和抗日干部……一说到这些,人们的情绪都提高了,她们一边听刘胡兰讲话,一边不住地点头,那些做针线活的妇女也把鞋底收起来了,眼睛都盯着刘胡兰,心里猜想她下一句将要说的是什么话。接着,刘胡兰说到要办冬学的事情,说毛主席肯定夏陶然的办学方法,提倡教育与生产劳动相结合。最后,她把办冬学的目的、好处,什么人能上冬学等,详详细细地说了一遍,并现场号召全村的青年妇女们登记报名。

刘胡兰刚讲完话,就有四五个积极分子报了名。刘胡兰和李金香、陈玉莲都很高兴。可是当登记完这几个人之后,再没有人吭声了。刘胡兰又问了两遍,仍然没有人吭声。会场里静悄悄的,好半天都没有一点声响。后来渐渐有些人窃窃私语起来,接着又嚷嚷开了。刘胡兰她们等了半天,催问了好几次,还是没有人报名。这时,刘胡兰看到后边站起了两个妇女,以为她们要报名,高兴地招手叫她们过来。谁知她们说要回家喂孩子去哩,拍了拍屁股上的土，扭身走了。接着又有几个人站起来，说要回家做饭去哩，说着也走了。这几个人一走开，别的人也坐不住了，纷纷站了起来，拍打着身上的尘土。刘胡兰她们大声叫喊也没人听了。急得李金香、陈玉莲跑到门口去挡，可挡不住。石五则一看这情形，忙低声地对刘胡兰说："算了，到此为止，散会吧。"

刘胡兰听农会秘书这么一讲，也只好宣布散会。

刘胡兰她们见第一次妇女大会有始无终，开成这个样子，报名上冬学的人寥寥无几，心里都很丧气。她们从庙里出来，并排往家里走着，三个人谁也不说话。走着走着，追上了前边的一群妇女，只听她们议论道：

"要说吧，上冬学也是好事情，反正闲着也是闲着。"

"是呀，我倒也想报名，就怕俺婆婆不让上。"

"我就不让我媳妇去。庄稼人上那个有什么用呀！"

"就凭她们三个黄毛丫头，能办起来冬学？真是睡地摸天！"

刘胡兰听了这些议论，心里说不出来是什么滋味。她偷偷地看了看李金香和陈玉莲，只见她俩垂头丧气、面无表情。

刘胡兰没想到，刚刚开展工作的第一天，就受了这么多窝囊气！以后工作还怎么干？冬学还怎么办？她越想越气，真想马上就去找吕主任，推掉这个妇联秘书的职务。可又一想，要是吕主任问她为什么不干了，该怎么回答呢？这时，她又想起了已牺牲的顾永田，顾永田生前曾到云周西村开过大会，把毛主席的《论持久战》讲得通俗易懂，连小孩子都能听明白。会场上掌声雷动，直到散会了大家还不肯离去。自己不是说要向顾永田学习，也要做人民的勤务员吗？难道因为一次会议的有始无终就不工作了？不革命了？不办冬学了？这像话吗？上级交给自己这么一副担子，怎么能随便扔下不管呢？自己是主要负责人，都气成这个样子，李金香和陈玉莲还怎么支持她呢？

刘胡兰越想越觉得不应该这样，甚至觉得自己根本就不该生气。生气有什么用呢？难道一生气，困难就解决了？

午饭后，刘胡兰来到李金香家，恰好陈玉莲也在这里，她俩正坐在一块儿生闷气呢。她们一见刘胡兰来了，都开始发牢骚，都闹着不想干了。刘胡兰问道：

"咱们都不干，妇女工作叫谁干呢？"

陈玉莲气呼呼地说道："谁有本事谁去干！反正我不受这份窝囊气！"

刘胡兰笑着问道："你说，叫石玉璞老婆干，还是叫二寡妇干？"

陈玉莲和李金香听了，你看看我，我看看你，二人都不再言语了。刘胡兰告诉她们说，刚才她自己也有一肚子委屈，也想着不干了，可是后来一想，觉得不能因为遇到这么一点困难，听了几句闲言碎语就打退堂鼓。接着刘胡兰又向她们讲了一些革命道理，说她在妇训班学习时，吕梅同志就讲过："闹革命就是和困难作斗争，越是遇到困难，越要挺起腰杆来！"比起人家遇到的那些困难来，咱们这算个啥？

李金香发愁地说："可是没人报名上冬学，怎么办呢？"

陈玉莲接着说："依我看，谁不来就罚谁，看她们来不来。"

刘胡兰忙说："不能那么做。咱们从会场出来的时候，你们不是也听了，有人想上冬学，可就是怕家里人意见不一致。各家有各家的困难哩！我看光靠上午的大会号召不行，还得要个别动员哩！一家一户地动员，看看妇女们都有些什么困难。婆婆想不通的说服婆婆，丈夫不答应的劝解丈夫。"

李金香和陈玉莲觉得刘胡兰这个主意不错，于是三个人立马分工到各家劝说去了。

一连好几天，她们走东家串西家，几乎把全村都跑遍了，报名上冬学的人还是不多，连她们三个算上，还不足十个人。李金香和陈玉莲又有点泄气了。她们发愁地问刘胡兰："就这么几个人，冬学还办不办呀？"

"办！"刘胡兰毫不犹豫地说，"有几个算几个，先办起来再说。"

在刘胡兰的坚持下，云周西村妇女冬学终于办起来了。虽然最初只有十来个人，但大家的情绪都很高，学习劲头也很大。文水农村冬天习惯吃两顿饭，每天吃完下午饭，不等召集，上冬学的妇女就主动跑到东头庙里。她们借用庙里的一间大房子作课堂，有时念边区发下来的冬学课本，有时读报，有时学唱歌。刘胡兰天生有一副好嗓子，在区妇训班学习时，又学会了许多新歌曲。每逢她教唱歌的时候，连一些没有报名参加冬学的年轻妇女也跑来瞧热闹。瞧着瞧着，渐渐也就报名入学了。一些思想守旧的老太婆，开头不准自己的媳妇女儿往那里跑，可是后来看到冬学又念书又认字，尽学好，心眼儿慢慢也活动了。冬学人数逐日增加，后来一直发展到50多人,整个教室都坐得满满当当的。

这个时候,区妇联为了粉碎阎锡山对解放区的经济封锁,在全区发动妇女纺线。区里分给云周西村的任务是棉花200斤,时间是一个月。陈玉莲说:"云周西村妇女大多数都会纺线,200斤棉花不成问题。"刘胡兰说:"全村一共有多少会纺线的妇女,200斤棉花每人纺多少,我们先计算好,棉花一到就分到各家各户。"可到了分棉花的时候,剩下40斤棉花怎么也分发不出去了。刘胡兰问李金香和陈玉莲是怎么回事。李金香告诉她说,原来计划每人纺两斤,可是今天发棉花的时候才发现,有的害病不能纺,有的住娘家去了回不来,还有的小孩子多,说什么也不接受纺线任务。

"怎么办呢?"这时刘胡兰想到了冬学班,想到了教育同生产劳动相结合的办学方针,就决定发动冬学班学员纺线,把剩下的40斤棉花拿到冬学班里去分。

刘胡兰带头自报多纺两斤,李金香、陈玉莲也都自报多纺两斤。冬学班里的学员们在她们的带动下,纷纷自报再多纺一些,有的自报再多纺一斤,有的自报再多纺半斤,不一会儿,40斤的棉花就分配完了。

在妇联干部的带动下,全村妇女的纺线任务很快就完成了,20天纺了200斤棉花。因为云周西村提前完成了任务,纺的线又好,得到了区里的表扬。刘胡兰她们当然很高兴,妇女们也觉得脸上光彩。她们见这几个小姑娘对工作又认真又负责,冬学如期开办,纺线任务提前完成,办法总比困难多,还真有点本事哩!

过了不久,全村妇女就把刘胡兰选成了正式的村妇联秘书,李金香和陈玉莲也当选为妇联委员。

观音庙里剁军鞋

云周西村妇联刚完成纺线任务,区里又给她们分派下做200双军鞋的任务。

刘胡兰吸取上回纺线平均分摊的教训,觉得首先应该给大家讲清道理,做通思想工作,才能把军鞋做好。她和妇联委员们商议了一下,大家都同意她的意见。于是,她们决定召开动员大会。

会上,刘胡兰像顾永田作报告那样,给大家讲了当前的形势。她说:"自从日本投降以后,蒋介石、阎锡山这些国民党反动派,一方面抢夺胜利果实,一方面大举向解放区进攻。中国共产党一再提出和平建国的要求,但他们不但不理睬,反而更加疯狂。看样子是要与人民为敌。因此,我们要做好一切准备,以便彻底粉碎敌人的阴谋。"

刘胡兰讲完了形势后,说到做军鞋的事情。她说:"在抗战时期，有一支游击队和敌人打了交手战。有一个战士在和敌人拼刺刀的时候，一脚踩在了高粱茬子上，因为鞋的质量不好，高粱茬子捅破鞋底，扎进了战士的脚心，结果这个战士被敌人刺死了。"

妇女们听说这事，七嘴八舌地议论开了。最后都承诺绝不能做不结实的鞋，保证把军鞋做得合乎标准，每双鞋要达到一斤重，底子要达到一指厚，一只鞋底上至少要纳500个针码。

由于动员到位，加之妇联干部带头干，只用了七八天的工夫，大部分军鞋都已做好。那几天，刘胡兰她们可忙坏了，不仅要带头做军鞋，还要对做好的军鞋进行验收，对动作慢的督促她们赶快做。

云周西村的村部就设在观音庙，做好的军鞋都要送到庙里进行检查验收。全村的军鞋质量都很好，有的不仅结实而且样式也很好看。刘胡兰她们看到妇女们觉悟这么高，任务完成得这么好，打心眼里感到高兴。可是在最后一天，有一双军鞋出现了质量问题。

这天傍晚，好多妇女都赶来庙里交军鞋。二寡妇也来了，她像走亲戚一样，衣服穿得很干净，头发梳得很光溜，满身都是脂粉味。二寡妇一进门就妖声妖气、怪腔怪调地说："哟！胡兰子，你们可真辛苦呀，把咱们云周西村妇女领导得再好不过的啦！你看这军鞋做得多好，一双赛过一双，没有一双坏的。"

刘胡兰她们只顾忙着称分量，数针码，顾不上理她。二寡妇趁人们不注意，忙解开包裹，把一双军鞋往鞋堆里一塞，笑眯眯地对刘胡兰说道："胡兰子，我做的军鞋已上交了，你们可得给我打个收条。"她边说边忙着转身向外走。

刘胡兰忙抬起头说:"二婶子,你先坐一会儿。等我们检查完,再给你开收条。"

二寡妇转回身说:"哟!这还要检查吗?咱们云周西村的妇女,一个赛过一个,做什么都是免检的。你快给我开张收条,我家里还有事呢。"

刘胡兰笑道:"二婶子,你先坐下。再忙也不在乎这一会儿,我们很快就检查完了。"

二寡妇见刘胡兰她们不给她开收条,只好坐在板凳上,和那些等着交鞋的妇女东扯葫芦西扯瓢地闲扯。正扯着,忽听陈玉莲惊叫道:"这是谁做的军鞋?怎么这样轻飘飘的?"

二寡妇抬起头来扫了一眼,看见陈玉莲手中正是她交的那双鞋。她假装没听到没看见,继续和身边的妇女闲扯,想马马虎虎蒙混过去。这时,刘胡兰她们一起查考起来,交鞋的妇女们各人都认识各人做的军鞋,而且鞋上都写着做鞋人的名字,查来查去就查出是二寡妇做的军鞋了。刘胡兰拿着这双轻飘飘的军鞋问道:"二婶子,这就是你做的军鞋?"

二寡妇嬉皮笑脸地说道:"你看样子还不错吧?人靠衣裳马靠鞍,穿鞋就是穿个样子。你觉着轻吧,可底子里边一层层都是新布咧!"

刘胡兰打断她的话说道:"这样的鞋我们不能收。你自己看看吧,这怎么能交给队伍的战士穿呢?要是踩到了高粱茬子,一下子就穿透啦!"

二寡妇一见刘胡兰不收她做的鞋，就大声地诈唬开了："哟！别人的收，就我的不收？别人的是铁打的，我的是纸糊的？我看你们是看人下菜碟哩，吃柿子拣软的捏，专门欺辱我这个寡妇。你们又不是不知道，我家里里外外就我一个人，为做这双鞋，累得我两三个晚上都没睡觉。"

二寡妇觉得刘胡兰她们几个年轻姑娘懂什么？又是刚上任的新干部，给她们点厉害尝尝，也许就收下了。不料刘胡兰她们不吃这一套。刘胡兰拿着那双鞋，板起脸说道："二婶子，你别在这儿瞎嚷嚷。不怕不识货，就怕货比货，你看看你做的这是什么？针线稀稀拉拉不说，底子软得能拧成麻花。让大家看看，这是云周西村妇女做的鞋吗？这样的鞋能不能交给咱们的战士穿？"

妇女们拿起那双鞋，这个看看底，那个瞅瞅帮，有的冷笑，有的撇嘴。有一个巧嘴的妇女笑着说道："这么结实的鞋，怎舍得拿出来？"

也有人气呼呼地说："这简直是给咱云周西村妇女们脸上抹黑哩。"

二寡妇恼羞成怒，故意放声嚷道："把我说成是反革命才是你们的心意哩！你们做一双，我也没做一只，我哪一点落在你们后边啦？找你们的大干部来评评理！"

话音未落，石五则从东屋跑过来了，问是怎么回事。刘胡兰忙把刚才发生的事情对他讲了一遍，又把那双鞋递给他，说："五则叔，你看看这鞋能收吗？"

石五则接过鞋左看右看。这时二寡妇催促道："你是大干部，你看这鞋做得怎么样？哪一点不合适？为纳这双底子，把我的手指头都勒破了，要不相信，你就看看。"说着走过去，把手指头伸到石五则鼻子下边。二寡妇指头上的脂粉味，立马就让石五则陶醉了。

石五则笑了笑，又像对众人又像对二寡妇说："这鞋不算太好，不过，也不算太坏。看样子嘛，倒还行，质量嘛，好像差点，不过，也差不多，差不到哪里去。"他回头又对刘胡兰说道："胡兰子，马马虎虎收下算啦！给她张收条，让她走吧！"

刘胡兰一向对石五则很尊敬，觉得他是抗战时期的老干部，现在又是农会秘书，她以为石五则看了鞋，一定会狠狠地批评二寡妇一顿，不料他竟然说出这种和稀泥的话来，这不明明是为二寡妇撑腰壮胆吗？以前，刘胡兰就听大人们说石五则和二寡妇不清不白的，她真没想到石五则竟在这件事情上袒护二寡妇。刘胡兰压了压心中的火气，向石五则问道："五则叔，这样的鞋怎能交上去？"

石五则说："二百多双鞋，夹在里边谁也看不出来。十个指头还不一般齐呢，再干净的米里也难免夹杂几粒穄子！"

屋子里没人再说话了。收，还是不收？妇女们都眼睁睁地盯着刘胡兰，都在等刘胡兰拿主意。

石五则以为他这么一说，刘胡兰就会乖乖地把鞋收下。他顺手把鞋往桌子上一扔，扭头就往外走去。

"五则叔，这鞋我不能收！我不能做这种马虎的事情！这样做，对得起在前线奋勇杀敌的子弟兵吗？"

石五则愣住了,他真没想到刘胡兰不给他留这点面子。他转过身来,气得一口一口地咽唾沫,半天都没有说出一句话来。

二寡妇趁机煽风点火道:"哟!这云周西村就胡兰子一个人说了算,别的干部都是聋子的耳朵?"

死要面子的石五则的脸瞬间红得像被谁扇了一巴掌似的,他大声地向刘胡兰喝道:

"我说的,收下!"

"这样的鞋,我不能收!"

"我做主,收下!"

"我不收!"

"为什么?"

"这鞋底里有假!"

二寡妇立马向刘胡兰嚷嚷开了:"你红嘴白牙不能血口喷人!你怎么知道我鞋里有假?谁敢说我鞋里有假?谁说这鞋里有假,叫她烂了舌头……"

刘胡兰忙打断二寡妇的话说道:"有假没有假,咱们剁开看看就知道了。"

陈玉莲早就气得不行了,一听刘胡兰说要剁鞋,急忙找来一把菜刀,抓住鞋就要剁。石五则也看出那双鞋底子里不像是布,他怕万一剁出假来,自己也下不了台,于是说道:"好好的军鞋,剁烂了谁负责?"

"我负责!"刘胡兰说着接过陈玉莲手里的菜刀,一下子把鞋剁开了。

大家把头伸得鸭脖似的去看剁开的鞋底，鞋底里垫的都是发黄了的草纸。在场的妇女们气得低声地骂道：

"缺德！"

"这是人干的事吗？"

"留给她自己穿吧！"

"……"

石五则脸色铁青，肺都气炸了。他倒不是气二寡妇在鞋里掺了假，而是气刘胡兰她们不给他留一点面子。他见当场出了丑，也不好再说话了，只是低头骂了一句，不知是骂二寡妇还是骂他自己，骂完就一扭屁股出去了。

石五则一走，妇女们就高声地吵吵开了。有的说："没有良心，八路军给我们打跑了日本鬼子，这会儿又打阎匪军，就拿出这样的鞋来给人家穿？"有的说："这样的人不能放过她，不给她点厉害，以后还要干这丧良心的事哩！"还有的说："建议开个斗争会批斗二寡妇。"

二寡妇见给她撑腰壮胆的农会秘书石五则走了，众人的目标都指向她，知道再待下去更没有好下场，赶忙站起身来，气呼呼地说道："大权在你们手里，你们愿怎么就怎么吧！我没犯下死罪，量你们也砍不了我的脑袋！"说完也扭着屁股走了。

妇女们议论了一阵，交了军鞋，都陆续离开了。刘胡兰她们把军鞋收好，也跟随着走了出来。刘胡兰刚走出庙门，石五则就从东房里出来把她喊住。刘胡兰转回身来站在庙门口，看见石五则脸上一团和气，好像刚才并没有发生争吵似的。石五则一只脚踏着门槛,一只手扶着门框说:"唉,真没想到二寡妇这么落后。唉,我这个人脾气不好,心直口快,火气一上来什么也不顾了。"

刘胡兰没有开口,她猜不透石五则的用意。心想:你还有火气?你的火气是为二寡妇,是为你自己!

石五则继续说:"听说你们要开斗争会?这有什么斗头?罚她重做一双军鞋算啦。俗话说,家丑不可外扬。为这点事还值得敲锣打鼓乱折腾?"

刘胡兰总算听出了石五则话里的意思,心里气愤极了。但她忍住了,不动声色地说:"五则叔,你也知道我们初做工作,没有经验。这件事情怎么处理,我还得征求妇女们的意见。回头再研究吧。"说完就转身走了。石五则望着刘胡兰远去的身影,意味深长地说:"不简单!真不简单!"

观音庙里剁军鞋的事,当晚就在村里传开了。爷爷听说这事后责备刘胡兰说:"你惹得起二寡妇?人家是有后台的人!"

刘胡兰知道爷爷说的二寡妇的后台就是石五则。她心想:难道有干部给二寡妇撑腰,就马马虎虎算啦?群众会怎么说呢?以后还怎么工作呢?可是二寡妇的问题究竟怎么处理,她心里也没底,隐隐觉得这件事不是小事,牵扯好多问题,应该向上级请示一下。她知道区委组织部长石世芳今天回家了,就想找世芳叔谈谈,听听世芳叔的意见。

石世芳和村长等听了刘胡兰讲述观音庙里剁军鞋的事情后,都说石五则做得不对,绝不能让他徇私舞弊,偏袒二寡妇。应该对二寡妇进行斗争,通过这件事教育更多的人。世芳叔还鼓励她说，一个革命干部就应该是这样的，对于坏人坏事绝不留情。刘胡兰听了，郑重地点了点头。

第二天，云周西村召开全村妇女大会，刘胡兰把二寡妇做的军鞋拿到会场给大家看。人们看了都很气愤，都批评二寡妇，说她是一块臭肉坏了满锅汤，是一粒耗子屎坏了满缸酱，都要求对二寡妇进行重处重罚。二寡妇在事实面前，不得不低头认错。最后她答应另做几双高标准的军鞋，这件事才算结束。

会后，刘胡兰和村干部们商量了一下，决定把已做好的199双军鞋先交到区里去。区民政助理员听说云周西村来交军鞋了，称赞说这是全区第一个交军鞋的村。当区里验收军鞋的时候，更是赞不绝口，都说云周西村的军鞋一双赛一双，双双都像是铁打的。

路见不平一声吼

早饭后,刘胡兰和民兵石六儿去区里交军鞋。石六儿是个30岁左右的青年人,身材高高大大,宽肩膀,粗胳膊,看上去浑身是劲。他用手推车推着满满一车军鞋,足有200多斤,就像推着辆空车似的,一点也不显得吃力。刘胡兰空着手,紧走慢跑地才能跟上他。

路过大象村时,刘胡兰发现有家门前站着很多妇女和小孩。人们一边叽叽喳喳地议论,一边探头探脑地朝院子里张望。院子里传出一片乱哄哄的吵闹声、叫骂声,中间还夹杂着一个女人的哭喊声。

刘胡兰觉得很奇怪,不知道这里发生了什么事情。她向看热闹的人们打听。有几个年轻妇女七嘴八舌地告诉她说:"这家有个姑娘嫁到了下曲镇,和丈夫不对脾气,公婆又时常虐待她,整天挨打受气，不把她当人看。这姑娘受不了，只好躲回娘家。婆家叫了几次她都不愿回去。今天婆家派来了几个男人，说是不管死活，非把她弄回去不可。"

这时，只听院子里传出一个女人的哭喊声：

"我死也不走……你们杀了我吧！你们打死我吧……"

刘胡兰听她哭喊得很凄惨，忙跑了进去。一进院子，只见一个老太婆坐在房门口低声哭泣。一个年轻妇女披头散发坐在地上，两手抱着柱子，又哭又喊。旁边围着三个男人，一个在劝说，一个在威吓，还有一个抓着她的头发用力拉扯并气势汹汹地骂道：

"你就是死了，也得把尸首拉回去！"

"放手！"刘胡兰见此情景，忍不住上前怒吼道。

那个抓女人头发的男人身子哆嗦了一下，见有人干涉，连忙放开了手。另外两个男人也都愣住了，不知所措地望着刘胡兰。

"你们这是干吗？"刘胡兰睁大眼睛问道。

这三个男人大眼瞪小眼，你看看我，我看看你，都不知回答什么是好。过了一会儿，一个中年男人突然向刘胡兰问道："你是区里的，还是县里的？没听说她家有亲戚在县区里……"

刘胡兰气愤地说："不管我是哪儿的，如今婚姻自由，男女平等，你们不能这么随便欺辱人！"

那几个男人大约看出刘胡兰不是区里、县里的干部，也就不把她放在眼里了，乱纷纷地向刘胡兰说道：

"娶到的媳妇买到的马，由人骑来由人打。你不让她回婆家，你把彩礼退出来？"

"你是哪座庙里的神仙？"

"狗拿耗子——多管闲事！"

"半路杀出个程咬金！"

"走你的吧，这里没你的事！"

他们谁都不再把刘胡兰放在眼里，丢下这几句硬话，又去围攻拉扯那个年轻妇女。刘胡兰气得脸都白了，她知道自己再拦阻也不管用，就扭头出了院子，一口气跑到村公所。她找到村长李秀永，匆匆地向他讲了刚才发生的事情。李秀永听了很生气，对身边的几个村干部说了声："走！看看去。这简直是胡来！"

当他们跟着刘胡兰赶到那家门口时，只见几个男人已把那媳妇捆绑着抬了出来。那媳妇拼命挣扎，两腿乱蹬，把一只鞋也甩掉了，右腿的裤脚已被撕扯烂了，拖在地上像一片烂菜叶。只听她嘶哑地哭喊道：

"……救命呀！我回去就没法活了！我回去就活不成了……救命呀……"

李秀永一个箭步跑了过去，一声断喝：

"放下！"

那媳妇扭头看见李秀永，一面拼命挣扎，一面大声哭喊道：

"村长呀！救命呀……"

那几个男人一听来的是村长，忙把那媳妇放在地上。李秀永脸红脖子粗地向那几个男人训斥道：

"你们这是干什么？光天化日之下，你们胆敢来抢人？"

那个中年男人忙给村干部敬烟，像哈巴狗似的装出一副笑脸，皮笑肉也笑地说道：

"村长，是这么回事，我们要媳妇回去，她不回，好话说了千千万，好语讲了万万千，百劝不听，所以我们只好出此下策……"

刘胡兰打断他的话说道："那你们也不能动手捆人抢人呀！谁给你们这么大的权力？如今男女平等，女人又不是牛马！真是吃了豹子胆，无法无天！"

那媳妇见有人给她撑腰做主，接着就哭诉婆家虐待她的一些情形，恨不得把几年的苦水全都倒出来。

那些人自知理亏，无可奈何地走了。那媳妇见婆家人走了，忙止住哭声，向李秀永道谢。李秀永指了指刘胡兰说："要谢，你谢她！要不是刘胡兰路过这里，我还不知道这码事哩！"

李秀永这么一说，那媳妇认出了这就是先前在院子里为她抱不平的那个姑娘。她忙抓住刘胡兰的手激动地说：

"我要是叫他们捆回去，只有死路一条！多亏你救了我，我……"

这时，那些看热闹的妇女和娃娃们也都围了过来，纷纷说，她们当时都很气愤，也很着急，可就是不知道该怎么办才好。多亏这姑娘一声怒吼，后又把村长请来……那个年轻的媳妇紧紧地拉着刘胡兰的手，非让她到家里喝口水不可。刘胡兰说她还有要紧的事要做，就不去了。刘胡兰向四处扫了一眼，没看到石六儿和手推车，猜想石六儿一定先去了区公所，于是连忙离开这里，三步并作两步地向区公所跑去，跑到区公所门口，见石六儿正在台阶上抽着烟等她。

石六儿一见刘胡兰，有点不满地说道：

"我等你老半天啦！你只顾看热闹，看够了吗？"

刘胡兰没有解释，只是笑了笑说：

"我这不是来了！"

没有党旗的宣誓

1946年初夏,上级决定调刘胡兰到区妇联当干事。调刘胡兰的原因有两个:一是区妇联人少事多,忙不过来,需要增加帮手;二是区干部们都认为刘胡兰不仅工作积极负责,而且品德好,思想解放,有培养前途。

刘胡兰乍一听区妇联主任吕梅说要调她到区里去工作,心里感到很恐慌,她觉得自己文化水平低,又没有多少工作经验,当村干部都很吃力,怎么能当得了区干部呢?她再三请求吕梅不要调她。后来,经吕梅说服动员了老半天,并告诉她说这不是她个人的意见,而是组织上的决定。刘胡兰听了,虽然对这工作还有点怯阵,但觉得既然是组织调动,自己也不好再推三阻四,只好同意了。好在上级并没有让她在区里独当一面去工作,她还兼任云周西村原来的职务,仍旧住在村里,工作重点还在本村,只是让她抽时间到附近几个村跑跑，了解点情况，和妇女干部们交流交流经验，而且多半是同吕梅一起下村去。刘胡兰觉得这倒是个学习的好机会。事实上，刘胡兰自调到区里工作后，党组织就把她作为培养发展的对象，并分工让石世芳和吕梅具体负责，有意识地向刘胡兰进行共产主义教育。刘胡兰自己也很想加入党组织，成为一个共产主义战士。她同吕梅一同下村，处处以吕梅为榜样，时时留心向吕梅学习，而吕梅也在有意识地培养她、帮助她。平时除了谈一些工作问题，也常常给她讲一些革命道理。这期间，吕梅还辅导她读了一本油印的小册子《怎么做一个共产党员》。这本油印的小册子，给了刘胡兰很大的启示。读了这本书之后，她觉得自己的眼睛都好像亮了，觉得活着也更有意义了。

6月间，全区在大象村进行土地改革试点，大部分区干部都集中到了大象村，刘胡兰也去了。在轰轰烈烈的土地改革运动中，刘胡兰不仅读了《怎样分析农村阶级》等小册子，而且受到了一次更加实际的阶级教育。在大象村土改后期，刘胡兰鼓起勇气向石世芳和吕梅提出了入党的请求，并递交了入党申请书。

自从向党组织递交了入党申请书，刘胡兰心里多了一件事，只要一想起这件事来，心里就觉得忐忑不安，说不出是着急还是担心。她不知道党组织讨论她的入党申请没有，也不知道能不能批准，她多么希望能成为一个共产党员啊！她知道入了党就可以参加组织生活，就可以经常受到党的监督和教育，可以使自己在思想上政治上更快地提高，为革命事业做更多的工作。可是，党组织能批准她吗？有时她问自己："要是组织上不批准怎么办？"

思前想后，她觉得就是组织不批准，也不能灰心失望。组织不批准，说明自己的条件还不够，以后应当更加努力工作，加强政治学习，从各方面锻炼提高自己，一年不行两年，两年不行三年……一定要争取达到一个共产党员的标准。后来她又想：不该老是惦记着组织批准不批准这件事。先要处处以党员为榜样，以党员的标准严格要求自己，争取做一名真正的共产党员。想到这些，刘胡兰的心里也就平静了。

大象村土改结束后，工作组连续开了三天的总结会，会后又分几个工作组，分赴各村领导土改工作。区委决定，让刘胡兰参加石世芳和吕梅这个工作组，在云周西村搞土改。刘胡兰高兴地对吕梅说："我早就盼着工作组到云周西村搞土改啦！"

这天晚上，工作组开完会后，人们逐渐散去了。刘胡兰正要走，石世芳叫住她说："你等一等，咱们一起走。"

石世芳扭头和吕梅交谈了几句，这才和刘胡兰相随着走了出来。这时正是农历六月中旬，月亮照耀得夜空如同白昼，一眼望去，只见街上有好些乘凉的人，三三两两地围在一起，旁边煨着一小堆熏蚊子的麦糠火，烟雾缭绕，散发出一股麦糠的香味。人们有的在抽烟，有的在喝茶，有的在闲谈。许多人的脸上都浮现着笑容，言语间满怀着希望，显然，他们谈论的都是与自己切身相关的土地改革。石世芳信步向村口走去，刘胡兰跟着他走到村外，走上了护村堰。他们沿着护村堰向前走去，村外满眼都是茂密的庄稼，远处的水渠里不时传来一阵阵青蛙的欢叫声。

走着走着，石世芳忽然向刘胡兰说道：

"你提出的入党申请，前几天党组织开会已经讨论过了。"

"批准了没有？"刘胡兰在心里问道。她心情不由得紧张起来，不安地望着石世芳，着急地等着石世芳说下去。

石世芳停住了脚步，一字一板地说道：

"会上，大家听了吕梅同志的介绍，一致认为你进步快，表现好，各个方面都达到了党员的标准。党组织决定，批准你的入党申请。"

石世芳见刘胡兰听到党组织批准了她的入党申请，非常激动。月光下，只见她两眼湿润。石世芳一直等到她平静下来之后，才继续说，党组织考虑她只有14岁，不够入党年龄，因此只批准她为"候补党员"，等到年满18岁以后再转正。接着又给她讲了党员的义务和权利，以及党的纪律和作风等问题。

石世芳告诉刘胡兰，在党内，每个党员都是平等的，都有权参与党的工作，共同管理党的事务，发挥自己的积极性，维护党的利益，保证党的事业健康发展。每个党员都要不断地学政治、学文化、学业务，坚持党和人民的利益高于一切，个人利益服从党和人民的利益，执行党的决定，服从组织分配，维护党的团结和统一。党的最高理想和最终目标是实现共产主义。石世芳最后说道："村里没有党旗和毛主席像，你就朝着延安，朝着毛主席住的地方宣誓吧！"

刘胡兰转向西南方肃立，举起了右拳头，跟着石世芳庄严地说道："我向毛主席宣誓，我志愿加入中国共产党，为无产阶级革命事业奋斗终生！我坚决遵守党的纪律，保守党的秘密。努力学习，努力工作，争取做一个真正的共产党员！"

刘胡兰宣誓结束后，石世芳紧紧地握住她的手，并热情地说道："刘胡兰同志，从今天起，你就是一名共产主义战士了！"

刘胡兰激动得热泪盈眶，双手也紧紧地握着石世芳的手说："从今天起，我要更加严格要求自己，树立坚定的共产主义信念，为实现共产主义而奋斗。百折不挠地执行党的路线、方针和政策。克服一切困难，努力学习和工作。遵守党的纪律，维护党的团结和统一，做一个无愧于共产党员光荣称号的人。"

石世芳点了点头说："要无愧于共产党员的光荣称号，就必须始终坚持共产主义的最高理想。我们的最高理想就是建设共产主义社会。这个最高理想，无论过去、现在和将来，都是我们共产党人的精神支柱和力量源泉。要无愧于共产党员的光荣称号，就必须坚持把党和人民的利益放在第一位，为了党和人民的利益甘愿自觉牺牲个人的利益。要无愧于共产党员的光荣称号，就必须坚持随时随地维护群众利益，勇于同一切不正之风和违法犯罪活动做坚决斗争，做一名一身正气、誓死捍卫党的原则和人民利益的忠诚战士。"

刘胡兰和石世芳两人肩并肩地在护村堰上走着，一会儿千言万语，一会儿又默默无语，仿佛都陷入了深深的沉思之中。过了好大一会儿，石世芳忽然打破沉默，问道："你还记得顾永田同志吗？就是到过我们云周西村的顾县长。"

刘胡兰连忙答道："他说他是勤务员哩，我一辈子也不会忘记这位人民的勤务员！"不知为什么，此时此刻，刘胡兰也和石世芳一样,正在怀念顾永田县长。

顾永田同志——这位年轻的共产党员,深深地印在文水人民的心田。自从顾永田担任文水县县长以来,每逢人们提起顾县长,无不充满深深的敬意。

石世芳无限感慨地说道:"顾永田同志给咱们文水人民办了多少好事啊!实行合理负担,打破旧水规,发放'流通券'……他为什么对穷人那么好?因为他是共产党员啊!"他不等刘胡兰答话,又接着说道:"你以为那些办法是他个人想出来的吗?不,那是党的政策,是毛主席的主意!文水的劳动人民能够得到这么多的利益,就是因为顾县长忠实贯彻了党和毛主席指示的结果。"

刘胡兰惋惜地说:"可惜顾县长早早地牺牲了,要不,为革命要做多少事情啊!"

石世芳颇有同感地点点头说:"是啊!当时的《新华日报》上说,顾永田同志的牺牲,不但是晋西北人民的严重损失,也是中华民族的重大损失!"

他们边走边谈,从顾县长说到在云周西村牺牲的两个小通讯员,又从两个小通讯员说到在云周西村周边牺牲的共产党员和革命烈士……

石世芳做结论似的说道:"为了革命,多少优秀的共产党员献出了宝贵的生命。他们永远是我们学习的榜样!我们活着的人,一定要继承他们的遗志,把革命进行到底!"

刘胡兰像宣誓似的说道:"我坚决革命到底,坚决听党的话!"

石世芳点头说道:"对!对!作为一个共产党员,最要紧的就是听党的话，经常要记住自己是个共产党员，是干革命工作的。不管遇到什么样的困难，只要记住这一条，就能有勇气战胜困难。"接着石世芳又给刘胡兰指出了今后努力的方向，然后就把刘胡兰送到了家门口。

　　分别时，她又对石世芳说："今天是我最难忘的一天，全新的一天，从今天起，我一定要努力工作，努力做一个名副其实的共产党员！"

　　"是的，这是最难忘的一天！全新的一天！"作为刘胡兰入党介绍人之一的石世芳，边说边把身上一盒万金油送给刘胡兰，作为对这一天的纪念。

党员会上的发言

云周西村土改工作开始不久,群众就被发动起来了。这天晚上,土改工作组召开党员会议,这是刘胡兰第一次参加党内召开的会议,心情非常激动。

石世芳说,根据每个同志的汇报来看,发动群众的工作已经差不多了,虽然有个别贫雇农的觉悟还不够,但在斗争中他们就会慢慢跟上来的。三五天之内,应该召开贫雇农会议,整理扩大队伍,转入清算斗争。今天党内开会,先初步研究一下斗争对象。

石世芳的话音刚落,众人就吵吵开了。

有人说:"这还要研究吗?秃子头上的虱子,明摆着哩,第一个就该是石玉璞。"

有人说:"射人先射马,擒贼先擒王,当然是先斗石玉璞。只要把他的威风打下去,别人也就好办啦。"

这时石五则说道:"依我看,闹土改搞清算,是要见实的,光是乱斗一场,没啥意思。依我看,首先应该斗争段占喜。"

人们惊奇地问道:"怎么?放下石玉璞斗争段占喜?"

石五则胸有成竹地说道:"按名声大小来说,当然要算石玉璞了。可是一个村子就这么大的地方,咱们还不知道谁家的匙大碗小?石玉璞也不过徒有虚名罢了。地种得多,出项也大,抗战一开始就搞合理负担,后来又搞减租减息,一年公粮、水费要出多少钱啊!"

土改工作组成员、区水利委员会委员、陈玉莲的六哥陈德邻一听,气愤地说:"按你这样说,石玉璞该划成贫雇农了。"

石五则不动声色地说道:"我又没说他是贫雇农,我说的是实际。斗上半天,弄不出点油水来,贫雇农还是不能翻身……"

他还没说完,人们就纷纷议论开了。石世芳和吕梅从石五则的话里听出了问题,他俩低声交换了一下意见。石世芳就对大家说道:"大家别吵,让石五则把话说完。"他又回头向石五则说道:"五则,你说吧,把你的意见都说出来,咱们再来研究。"

石五则咳嗽了一声说道:"我这全是从革命的利益考虑,闹土改为了什么?为的是咱贫雇农翻身。斗那些空架子地主,斗上半天,白费气力,除了几亩地,啥也弄不出来。所以我说要斗就要挑肥户,段占喜应当是第一斗争对象。这两年他日子过得锦上添花,要粮有粮,要钱有钱,在村里民愤也大。我不是红口白牙说空话,你们到村里访一访,哪个人对他没意见?我的话说完了。"

陈德邻气呼呼地站起来说道:"土地改革是要打倒地主封建剥削,不是乱斗争。段占喜日子过得是不错,可人家一不出租地,二不雇长工,只能算是富裕中农。他的为人小气一些,和街坊邻居的关系不大好,可这些也不能当地主斗人家呀!再说,十个段占喜也顶不上一个石玉璞。石玉璞几辈子的大地主,雇长工、雇短工,出租放账,这些事你不知道?我不知道你为什么要替他说话!"

石五则一听这话就火了,大声说道:"谁替他说话?他又不是我儿子、我孙子!咱们共产党讲究实事求是,我说的是实际!你为啥替段占喜说话?"

石五则这么一说,惹得大家都生了气,乱纷纷地和他争吵起来。

有的说:"段占喜明明是富裕中农,怎么能不按政策办事?"

有的说:"谁不知道,你和段占喜有私怨,你这不是公报私仇是什么?故意转移斗争目标!"

还有的说:"我看你这就是包庇地主!"

石五则气愤地站起来,脸红脖子粗地叫嚷道:"你们不要乱扣帽子!我在会议上发表意见,就是包庇地主?党内是讲民主的,你们为什么不让人说话?"

吕梅说道:"谁不让你说话?你的意见刚才不是都讲完了?你有发表意见的权利,别人也有批评的自由。你也不能不让别人说话呀!"

石五则道:"他们怎么能随便说我是包庇地主?这不是故意

给我栽赃吗？"

刘胡兰坐在那里一直都没有说话。她是个新党员，又是第一次参加党的会议，心情挺紧张，又有点拘束。她本来想把工作上遇到的事情单独向石世芳和吕梅汇报，可是现在眼看着石五则满口瞎话，欺骗大家，心里又气又恨，这时她想起入党时石世芳给她讲的话："要无愧于共产党员光荣称号，就必须坚持随时随地维护群众利益，勇于同一切不正之风和违法犯罪活动做坚决斗争，做一名一身正气、誓死捍卫党的原则和人民利益的忠诚战士。"想到这些，刘胡兰再也忍耐不下去了。

她站起来，面对面地向石五则问道："我先问你一件事，昨天晚上，石玉璞给你送过……"

石五则急忙打断了刘胡兰的话，说道："你要胡说什么？这是开党的会，说话你要负责任！昨天我就没见过石玉璞。你别没根据地胡乱说！"

众人都看得出来，石五则是要压制刘胡兰，不让她说下去。刘胡兰也看出来了石五则的用意，她理直气壮地向石五则说道："我说的话我负责任，说错了该受啥处分我接受。昨天晚上，石玉璞打发刘马儿给你送过一篓子羊肉和点心没有？你到他家喝过酒、吃过肉没有？"

刘胡兰这么一说，屋里的空气立刻紧张起来了。人们脸上的表情，有的惊奇，有的愤怒。

石五则涨红的脸"刷"的一下白了，他咽了一口唾沫，恶狠狠地向刘胡兰叫道："这纯粹是污蔑！血口喷人！你这不知道是受了什么人的骗,成心要和我过不去!你看见了?你抓住了?"

他一声比一声高,唾沫星子乱飞,好像要一口把刘胡兰吃掉似的。人们气愤不过,都和他吵起来。

石五则恼羞成怒地吼道:"你们这是成心整我!我他妈的革命这么些年了,你们不信我的话,倒听信这个黄毛丫头的话!这不是成心拆我的台嘛!这是他妈的开会,还是斗争我哩?"他说完就地跺了一脚,转身跑出去了。石世芳喊他,他像没听见似的,仿佛飞到耳边的声音是个巴掌,一下子扇聋了他的耳朵。

石五则一走,众人都问刘胡兰,这些事听谁说的,可靠不可靠?于是刘胡兰就把刘马儿说的话,一字不落地说了一遍。

土改工作组来到云周西村的第二天,石世芳他们召来村里的干部和积极分子开会。会后分头去访贫问苦,串连群众。刘胡兰负责发动刘马儿和另外两家贫雇农。吕梅让刘胡兰带着李金香和陈玉莲一块去访贫问苦。李金香和陈玉莲都很高兴,觉得刘胡兰在大象村参加过土改,知道怎么搞,她们可以向刘胡兰学习发动群众的办法。

刘胡兰她们访问的这三户贫雇农当中,最数刘马儿穷苦,也最数他受的压迫剥削最重。她们几个都觉得发动刘马儿一定比发动别人容易些。谁知第一次谈话就碰了个软钉子。那天午饭以后,她们在村头一棵歪脖子树下找到了刘马儿。

刘马儿年纪不到40岁,可看样子简直像个五六十岁的老头。瘦长脸上布满了很深的皱纹,两只粗糙的手背上暴起一棱棱的青筋。腿有点弯,背也有点驼。他坐在那里一边用手捶腰,一边问道:"胡兰子,你们找我有事吗?"

刘胡兰正要开口,陈玉莲抢着问道:"你给石玉璞家当了多少年长工?"

刘马儿说:"少说也有七八年了。"

李金香接嘴说:"我看全村最有钱的是石玉璞,最穷的就数你了。"

刘马儿说:"这话一点都不假。"

刘胡兰问道:"马儿大爷,你说说,你一年到头起五更睡半夜,风里雨里的死受,为什么还穷成这个样子?石玉璞家的人腰不弯,手不动,粮食打得大囤子满小囤子流,你说这是咋回事?"

刘马儿早就听说大象村在闹土改,如今见刘胡兰她们三个姑娘在歇晌的时候来和他拉扯这些事情,心里已料到是怎么回事了。他一面掏出破烟袋来打着火镰吸烟,一面不冷不热地说:"全怪咱命不好,生就是受罪的命,是个没造化的人!"

陈玉莲抢着说:"什么命,全都是封建迷信。你穷就是让石玉璞压迫剥削的。你给他当了七八年长工,他就剥削你七八年,你要坚决起来和他算剥削账!"

刘马儿不以为然地说:"当长工是咱愿意的,这会儿和人家找啥后账?人家富咱不眼红,自家穷咱也不抱怨。俗话说,横财不富命穷人,知命君子不怨天呀!"

刘胡兰正打算给他讲讲命运是欺骗人的鬼话,只见刘马儿站起来拍了拍屁股上的土,说了句"该锄草啦",扛起锄头就走了。

刘胡兰望着刘马儿的背影，像是自言自语，又像是对她们两个说："马儿大爷中封建迷信的毒很深呢，看样子可要花点功夫哩。"

陈玉莲忍不住说道："真是个胶泥脑袋，我要有他那么多苦水，早和石玉璞算账去了！"

吃过晚饭后，她们又来到刘马儿家里。刘马儿住着一间破败不堪的房子。房里什么摆设也没有，炕上铺着半张破席子，放着两卷破行李，四面墙壁因为常年烟熏火燎，都变成黑乎乎的了。他女人正在刷锅，刚满一岁的独生儿子，光着屁股摇摇晃晃在地上学走路。刘胡兰叫了声大娘，走进屋里，把娃娃抱在胳膊上，亲了亲他的小脸儿。刘马儿大娘看见刘胡兰她们进来，赶忙停下手里的活儿，披了一件露肩膀的破褂子说："哟，你们这些闺女来了。胡兰子快放下他，看他把你的衣服都弄脏了。"她抱过孩子又说："你们看我这屋里，哪有你们坐的地方。走，咱们到外边坐着说话去，外边凉快。"

她给刘胡兰她们拿来几个草墩子，坐在屋外。刘胡兰说："大娘，你家原来卖的房子比这大多了吧？"

一句话引起刘马儿大娘一大堆抱怨，她抱怨丈夫把房子卖了，抱怨自己命不好，嫁了个没出息的穷男人。正说着，刘马儿回来了。她就指着丈夫向刘胡兰她们说道："你们问问他，我嫁了他十多年，好好活过一天没有？穿过一件新衣服没有？吃喝穿戴没有我的份儿，受苦受罪就全落到我身上了。挑水是我，劈柴是我，推磨是我。夏天拾麦子，秋天拾杂粮，累死累活一年还吃不上一顿饱饭，我受了多大苦哇……"

刘马儿老婆诉说了半天的苦处。刘胡兰就问旁边的刘马儿："马儿大爷,你看大娘受苦受穷的,吃不饱穿不上,是不是你一点儿也不顾家呀?"

刘马儿抽了一口烟,不等烟从鼻孔冒出来,就气呼呼地说道:"天地良心,我要背着她花过一个钱,天打五雷轰。"他转身又向老婆说道:"你跟我受了十来年的罪,这我知道。你受穷,你受罪,可我也没有享福呀!"

说到这里,刘马儿一口接一口地抽烟,一句话也不说了。烟袋锅里的火星,时明时暗。刘胡兰模模糊糊地看到刘马儿大爷眼里含着两汪泪。停了好大一会儿,他才说道:"九九归一,怨咱们命不好。"

刘胡兰听到刘马儿夫妻俩一口一个命不好,忙说道:"什么命好命不好,都是骗人的话。地主家的钱财、土地也不是从娘胎里带来的。光有土地,没有穷苦人给他们劳动,也长不出庄稼来。其实世界上最值钱、最宝贵的还是劳动。"

接着刘胡兰就给他们讲了劳动创造世界,地主依靠剥削穷人发财,然后又用命运等等的迷信思想欺骗人民的道理。又说土地改革打倒封建,和地主进行清算斗争,是往回要自己的东西,要回属于自己的土地。她见刘马儿夫妻俩都很注意听,于是就说到了本村要进行土改的事情。

陈玉莲插嘴说道:"咱村要闹土改,你们敢不敢去和石玉璞斗争?"

刘马儿大娘说道:"人咋着咱咋着,咱随大流吧,村里众人敢,咱就跟上人家……"

刘马儿打断他女人的话说道:"村里人都去寻死,你也跟人去上吊？"说完提着烟袋出去了。

刘胡兰她们又和马儿大娘聊了一会儿就离开了。回来的路上,李金香叹了口气说:"依我说,区委下一道命令,让地主把土地财产交出来,分给穷人不就行了,又省事,又便捷。何必这么说服呀、动员呀,多麻烦！"

刘胡兰笑着说道:"你说的倒简单！大象村土改时,开头我也有这种想法,后来世芳叔给我讲了好几回,我才弄清楚,那样做一点好处都没有。"

她接着说要打倒封建地主不是个简单事,不把群众发动起来,地主的气焰就打不下去。只有群众觉悟了,弄清了剥削和被剥削的道理,自己起来斗倒地主,有了当家作主的思想,才能把地主手里的财产夺回来。李金香和陈玉莲默默地听着,思考着。刘胡兰又说道:"发动群众要有耐心,谈一次不行再谈一次,多谈几回就会想通的。"

这天下午,工作组开汇报会。刘胡兰把发动刘马儿的情况也说了说。石世芳说:"越是这些受苦受罪、受剥削最厉害的老实农民,觉悟总是慢些,不过这种人真正觉悟了以后,就是群众中的骨干分子。"

刘胡兰当时没说什么,可心里已打定主意:一定要把刘马儿动员起来。

第二天上午，刘胡兰跑到地里去找刘马儿。刘马儿正在谷子地里锄草。刘胡兰叫了声："马儿大爷你好呀！"

刘马儿扭头一看是刘胡兰，惊奇地问道："你怎么还跑到地里来找我？太阳这么毒，你就不怕中暑？"

刘胡兰笑着说："你整天在地里都不中暑，我来一会儿就能中暑？我还没那么娇气哩！"

她一边蹲下来帮马儿大爷拔草，一边谈话。这回刘胡兰没和他讲什么道理，而是和他谈家长里短，偶尔也说说她在大象村土改时了解的事情，地主剥削的办法，贫雇农们受的痛苦。开头刘马儿只是听着，慢慢地他也插话了，也讲了他当长工受的苦。这天刘胡兰整整陪着他锄了一上午地。从这天开始，刘胡兰天天跟着刘马儿，刘马儿上地她上地，刘马儿出圈她出圈。这中间刘胡兰也给他讲了些劳动创造世界的道理。刘马儿很爱听，可是话头一转到斗争石玉璞上，他就摇摇头不吭声了。

有天下午，刘胡兰跟着刘马儿在地里打掐棉花，又说到了清算石玉璞的事。刘马儿激动地说："胡兰子，说真心话，你这么多天天天跟着我讲来讲去，一片好心想帮我翻身过好日子，这我都明白。石玉璞是我的仇人，我早就知道。这些年来，石玉璞给我受的气，三天三夜也说不完。"

接着，刘马儿就说开了石玉璞欺压他的事情。原来刘马儿家从前有三间正房，老坟上有四亩地。当然靠这点家业维持不了他一家人的生活。他经常外出给人家打短工。石玉璞看他是个好劳力，托人劝刘马儿到他家揽长工。刘马儿心里想：谁不知道石玉璞外号叫"一只虎",给他家揽长工,一天到晚不用吃饭,光吃气就饱了。他坚决不干,宁愿到外村当短工,也不和他来往。谁知那年天旱,刘马儿那四亩地的小麦打的连种子都不够。他想再种些小绿豆,好给秋天准备口吃的,但跑遍全村也找不到小绿豆种子。打听到石玉璞家有,托人去借。石玉璞说:"要借种子不难,只要答应给我揽长工就行。"可刘马儿是个犟脾气,宁愿不种小绿豆,也不给他揽长工。到了第二年春天,刘马儿家里眼看断了粮,老娘病在炕上起不来,老婆怀着大肚子,天天到地里挖野菜,又累又饿。孩子八个月就生下来了,大人吃不上饭,孩子没有奶,不到满月就饿死了。左邻右舍劝刘马儿:"胳膊拧不过大腿。你还是给石玉璞揽上个长工吧,先把眼前的困难渡过再说。"刘马儿只好点头。经中间人说定,在自己家吃饭,在石玉璞家上工;石玉璞除了先给刘马儿一斗玉米外,每月80元省银行的票子工钱,到年底算总账。刘马儿低头上了一年工,谁知到秋后日本鬼子来了,阎锡山的票子不值钱了,年底一结算账目,票子倒是赚得不少,可是石玉璞按票子的行市折合成粮食,才给了他三斤豆子和一篓豆面。刘马儿把这点粮食拿回家去,老婆气得哭成个泪人儿,街坊邻居也都觉得这太欺负人了,领着刘马儿去找石玉璞。石玉璞把字据拿出来,往桌子上一放,说:"乡亲们,你们的理说在纸下说不到纸上。刘马儿给我当长工是经中间人说合、双方同意的,全年工资我如数付给,怎能说我亏了他呢?"刘马儿把脚一跺说:"我惹不起你,还躲不起吗?明年咱们一刀两断,你找你的长工,我找我的雇主。"刘马儿一狠心把三间正房卖了,一家人才度过那个冬天。为这事，他老娘气得整天啼哭，后来把眼睛也哭瞎了。从此，刘马儿就这家待一月，那家待十天，给人家做零活儿糊口。这样闹腾了两年，石玉璞觉得这么一个好劳力白白放跑了多可惜，就又找中间人说合，答应当月工资当月清算，一半粮食一半钱。刘马儿深深感到鸡蛋不能再去碰石头，就答应下来。他在石玉璞家，一年又一年老老实实从春季受苦到冬季，无论石玉璞怎么欺辱他，他都像被驯服了的牛马，再也不吭一声了。

刘马儿说到这里，叹口气道："胡兰子，你年轻，没受过苦，经的世事也少，做人的难处你可不知道呀！"

刘胡兰以前也听人们说过刘马儿这些事情，可从来也没有像亲耳听刘马儿讲得这么感人。刘胡兰越听越恨石玉璞，越听越要下决心帮刘马儿大爷翻身。她说："马儿大爷，有共产党给你撑腰，把你的苦水都倒出来，和石玉璞算算他的剥削账！"

刘马儿摇了摇头说："斗争好是好，可弄不好砸了饭碗，我一家人喝西北风吗？"

刘胡兰很惊奇地说："斗倒地主，把自己的土地要回来，你根本用不着再当长工了，怎么会把饭碗砸了呢？"

刘马儿叹了口气说："胡兰子，你还年轻呀。我看斗争别的地主还容易，要斗倒石玉璞？唉，办不到。谁不知道人家是咱村难斗的一只虎哩！"

刘胡兰坚决地说："不管他是虎是豹，都要斗倒，这你不用担心。"

刘马儿说："胡兰子，我实话对你说吧，朝里有人好做官。

人家石玉璞在你们干部里有靠山,有人替他说话,你想这还能斗倒?"

刘胡兰听他这么说,非常吃惊,问他这个人是谁。刘马儿不肯说,只是叹气。刘胡兰觉得这是个很重要的情况,就再三追问,刘马儿还是不肯说。刘胡兰早就听说石五则和石玉璞有来往,可那只是风言风语,她没有抓住事实,不能肯定刘马儿说的是不是石五则呢?刘胡兰试探地问:"你说的是石五则吗?"

刘马儿看了刘胡兰一眼,点了点头说:"是他。前天夜里,石玉璞还把他叫到家里去喝酒吃肉哩。昨天黑夜,石玉璞叫我给他送了一篓子肉和点心。石玉璞还指着我的鼻子说:'明人不做暗事,告诉你吧,这是送给石五则的东西,谁要是告诉外人,我要亲手割下他的舌头!'今天一早,我扫院子的时候,还听见石玉璞对他老婆说:'他是农会主任,有他给做主,哪个穷小子敢来斗我?'"

刘马儿又讲了好多石五则和石玉璞的事儿。最后他说:"胡兰子,今天我把心里的话全都倒给你了。你看我这辈子还能翻身?"

刘胡兰听刘马儿讲完,张着大嘴却喘不出气来。但她马上站起身,肯定地回答刘马儿:"眼下就能翻身!"

刘胡兰觉得这事关系重大,应该马上向工作组汇报。她告别了刘马儿,就去找石世芳和吕梅,半道上被陈德邻拉来参加党员会。她本想会后单独向石世芳和吕梅汇报,谁知会上石五则包庇地主,满口瞎话,欺骗大家,刘胡兰忍无可忍,就把自己知道的全都在会上说了出来。

刘胡兰讲完,别的村干部也接着开讲了。他们说自从大象村土改开始后,石五则就到处散布云周西村没地主,地主都是空架子,土改不土改没意思。他常去二寡妇家,石玉璞也常去二寡妇家,还有人碰到过他们俩一块在二寡妇家喝酒。看样子这家伙是给地主拉过去了。

吕梅说:"日本投降以后,领导也看出石五则在生活上、作风上有些不对头的地方,也曾批评过他,教育过他。看来他只是口头上承认错误,实际上并没有改。"

石世芳接着说道:"我看不仅是没有改,而且是愈走愈远了。看来石五则的问题相当严重。领导骨干里有了问题,不弄清楚,斗争怎能搞好?土改怎能搞好?依我看得先搞这个问题。"

于是他和大家商量了一下,决定分头去调查石五则和地主的关系。

经过几天的调查,情况终于弄清楚了:刘马儿反映的事情完全属实,石五则不仅接受过地主的酒肉吃食,而且接受过石玉璞的120块现金。拿了人家的手短,吃了人家的嘴软。石五则拉拢了一部分落后群众,要在土改运动中替石玉璞说话,转移斗争目标。

石世芳和吕梅把这些情况向区委作了汇报,区委认为这是蜕化堕落的行为,决定开除石五则的党籍,撤销他农会主任的职务。

一块手帕表深情

1946年8月,阎锡山37师2团向云周西村一带"扫荡",被我12团包围在北贤村。

那天,吕梅来云周西村动员组织担架队,翻了身的农民们积极参加,一会儿,就有20多人报名。刘胡兰也跟着担架队去了大象前线指挥所,帮着烧开水,照顾从火线上抬下来的伤员。

抗日战争时期,阎锡山的十九军与日寇勾结,反共反人民,群众恨之入骨。因十九军的"九"字带一勾,又加之与日寇勾结,故称其为"勾子军"。久而久之,勾子军就成了阎匪军的代名词。战斗从早打到晚,终于把勾子军的一个团全部消灭了。

战斗结束后,刘胡兰又急忙返回云周西村。她知道村里一定住下了伤员。因条件限制,只有重伤员才送到山里老根据地去治疗,轻伤员就地分到各村老百姓家疗养。刘胡兰刚走到观音庙门口,就碰见石三魁从里边出来。刘胡兰忙问:"给咱村分来多少伤员?"

石三魁说:"分来五个,都安置好了。四个伤员,一个病号。那病号是个连长,以前住过咱们村,叫王根固,现在已住到甲年子家了。"

刘胡兰转身就去找李金香和陈玉莲,然后一起去看望伤员,检查对伤员的安置情况,最后只剩下甲年子家没有去。刘胡兰觉得天太晚了,决定第二天再去看望王连长。

第二天吃过早饭,刘胡兰就去了甲年子家。她一进院子,就看见东屋门口站着一个有二十五六岁的军人,高高的个子,黧黑的脸膛,一口雪白的牙齿衬得脸膛更黑了。身上穿着又脏又旧的军装,袖口已被磨得发毛发白了。刘胡兰觉得这个人好面熟,可一时又想不起在哪里见过。刘胡兰问道:"你是王连长吗?"

"是。你是这个村的?"王连长先是吃了一惊,转身看到刘胡兰,也觉得这个小姑娘有点面熟,就是想不起在哪里见过。

"我是这村妇联的,来看看你有什么需要帮忙的。"刘胡兰自我介绍道,接着右手指着东屋问王连长,"你住在这屋?"

王连长点点头,笑着说:"嗯,我们住在村上,可给你们添了不少的麻烦。"

刘胡兰也笑着说:"军民一家亲嘛!王连长,你这么说可就见外了。你们消灭了那么多勾子军,为老百姓除了害。我们只怕照顾不周,让同志们受委屈呢。"

刘胡兰边说边往东屋走,想看看王连长住的屋子收拾得怎么样。

王连长急忙挡在门口说:"你不能进屋去。我长了一身疥疮。疥疮传染!"

刘胡兰停住脚步,看见王连长伸出的手上,红鲜鲜地长满了疥疮,不由得问道:"你的疥疮这么严重,想法儿治过没有?"

王连长说:"现在治这种病没什么好办法,卫生所给了些硫黄膏,偶尔涂抹一下。"

刘胡兰说:"我大爷从前也害过这种病,我回家问问他,看他是怎样治好的。"说完,刘胡兰就转身出去了。

王连长望着刘胡兰的背影,心想:这个姑娘真够热心的,别人听说我生疥疮都躲得远远的,她却一点都不怕,还主动帮我去找药方。真不知该怎样谢谢她才好!

刘胡兰找到大爷说:"大爷,你以前生过疥疮,疥疮传染吗?"

大爷说:"疥疮是种传染病。不过,也是可以预防的。"大爷仔细地看了一下刘胡兰的手脸,又说:"你这皮肤是太阳晒的,不是疥疮,不用怕。"

"疥疮怎么治呢?"

"不是告诉你了吗? 这不是疥疮!"

"不是我生疥疮。是……"

"是谁呀?"

"是,是,是王连长……"

"就是住咱们村的那个王连长? 那你可得离他远远的,千万不要感染上了!"

"大爷,你不是说可以预防吗?"

大爷笑了。接着就把治疗和预防疥疮的偏方告诉了刘胡兰。还说:"王连长以前住过咱们村,记得当时是个排长,这么快就升为连长了。这次一住进咱们村,我就觉得他面熟,只是不敢认了。记得当时还有一个排长,是南方人,还帮过你爷爷挑过粪水呢!他们都是好人……"

大爷还要说下去,刘胡兰却转身去找王连长了。不一会儿,刘胡兰就抱着一捆木柴来到了王连长的住处。王连长还没来得及拦她,她就进了屋。

刘胡兰把木柴放到炕沿下,擦了一把额头上的汗水,兴奋地说:"我大爷说擦上硫黄膏还得烤火,不烤火药膏不起作用。还得勤换洗衣服。你快把身上的衣服换下来,我给你洗洗。"

王连长连忙摇摇头说:"不用不用,这衣服也传染,得下锅煮。"王连长边说边用手示意,让刘胡兰站远点。然后又拿起衣服说:"我自己洗,不麻烦你。"

刘胡兰笑着说:"同志哥,你就别客气了!你满手疥疮怎么洗呢?我先把衣服放进锅里煮煮,消了毒就不传染了。你赶快把衣服全换下来,我再去拿些柴火来烧水。"

王连长觉得这个姑娘说话、办事直截了当,认真干脆,他很喜欢这种人。这种人总是先人后己,会体贴人,会关心人,为他人从不计较个人得失。

等刘胡兰抱来柴火,王连长也把脏衣服换下了。他一边抓痒,一边问刘胡兰:"你家住哪里?我们好像见过,只是一时想不起来了。"

刘胡兰说："你什么时候来过云周西村？刚才我大爷说，见你也很面熟，像以前的一个排长……"

王根固说："抗战时期来过三四回，就住在观音庙北边那家。"

刘胡兰恍然大悟地说："同志哥，怪不得我看着你面熟，你不记得我，我可记得你。你就是那个王排长吧？"时光在刘胡兰的脑海里倒流着，一下子就回到了三四年前，王排长教儿童团唱歌跳舞的情景仿佛就在昨天。

王根固惊奇地望着刘胡兰，忽然笑道："你就是当年的儿童团长胡兰子吧？"

刘胡兰点了点头，与王连长一同笑了起来。刘胡兰见王连长两手不住地伸进衣服里抓痒，还不时皱起眉头，很难受的样子，就问道："你什么时候长了这一身疥疮，怎不早点找医生看看？"

王根固说："早就长上了，不过，从前没这么厉害。这回到北贤村打伏击，在洼地上趴了一夜就愈加严重了。长上这东西是痒得人难受。"

刘胡兰把她从大爷跟前讨的偏方和长疥疮应该注意的事项，一一讲给王连长听，王连长边点头边答应着。

"我真想当一名医生。"刘胡兰看着王连长难受的样子，不由得把心里话说出了口。

"当医生？"王连长惊奇地问。其实，当刘胡兰把偏方告诉王连长，王连长就把她当成医生了。

"为了早日治好你的病。"刘胡兰点点头说。

王连长听刘胡兰这么说，又感动得不知如何是好了。

刘胡兰洗好了衣服，又帮王根固点着木柴让他烤疥疮，这才放心地回家。

照顾伤病员是妇联的一项重要工作。刘胡兰和妇女们经常到这些伤病员住的地方去看望，嘘寒问暖，洗洗补补。有些妇女觉得王根固害的是传染病，不愿意给他洗衣服，刘胡兰就揽了下来，隔一两天就来给他洗一次衣服，顺便也送些劈柴来让他烤疥疮。在闲谈中，刘胡兰知道了王根固是河北人，家里是中农，小时候念过高小，16岁就参加了八路军，跟着部队来到了山西。这些年来，一直在山西抗日，日本投降后，又与勾子军周旋，打过的仗他自己都数不清，也曾多次负伤过。王根固作战勇敢，不怕流血牺牲，很快就从战士升为班长，从班长升为排长，又从排长升为连长。他经常给刘胡兰讲战斗故事，也常讲自己工作中的经验教训。刘胡兰很羡慕，羡慕他参加革命早，羡慕他斗争经验丰富。刘胡兰有时在工作中遇到一些问题，也常找他研究解决。王根固虽然对地方工作不太熟悉，但他总是耐心地听，耐心地帮助分析，帮她想办法，出主意，刘胡兰很感激他。刘胡兰帮他洗衣服、治疥疮，他也很感激刘胡兰。

那时候，村里人还很封建，一男一女接近得多了，难免引起人们背后议论。

"知道吗？咱们的胡兰子爱上王连长啦！"

"怪不得常往甲年子家跑。"

"以洗衣服、治病为名罢了。"

"王连长也喜欢上她了,一天见不到她就像失了魂似的。"

"有人看到他们还在月光下出村散步呢!"

"胡兰子就不怕染上病?"

"这么说,你根本就不懂爱情!"

"……"

这些风言风语慢慢地也就传到了刘胡兰的耳朵里。刘胡兰初听这些议论非常生气,委屈得真想大哭一场。这事要落到别的姑娘头上,怕以后再也不会到王根固那里去了,但刘胡兰却没有那样做。她觉得不能因为这些闲言碎语就扔下伤病员不管不问了,她在心里安慰自己说:"身正不怕影子斜,肚里没病,不怕喝凉水!"

这期间,刘胡兰常到附近各村去工作,每次回到云周西村,第一件事就是看望伤病员,她还像过去那样看望王根固,该帮他做什么就做什么,丝毫不受他人的干扰。王根固的疥疮由于经常上药烤火,又经常换洗衣服,好得很快,不到一个月,已经不见当初的红肿了。

有天下午,刘胡兰远远地就看到王根固在护村堰上等她,好像有千言万语要对她说似的。当刘胡兰走近的时候,王根固迫不及待地说道:"我早就在这儿等你了!"

"有事吗?"

"今天晚上,我们所有的伤病员都要走了。"

"怎么走得这样急?你们都还没有痊愈呢!"

"这是上级的命令!"

既然是上级的命令，刘胡兰也就不好再说什么了。王根固约刘胡兰到他住的地方去，说是有样东西要亲手交给她。他们肩并肩地向甲年子家走去。路上，王根固低声告诉刘胡兰：现在情况不大好，阎锡山又要向我们进攻了。同时，再三叮嘱刘胡兰，让她在村里工作时，千万注意安全，一定要保护好自己……说着说着，他们就来到了王根固住的地方。王根固一进门，忙从挎包里拿出一块折叠得整整齐齐的旧手帕来，然后向刘胡兰说道：

"我们住在这里，给你们增加了不少负担……"

刘胡兰忙说："都是革命同志，用不着说客气话，照顾伤病员是我们应尽的责任。可惜我们工作做得不够好，让同志们受委屈了……"

王根固笑着说道："这不是，你也说起客气话来了！"他说着就把那块小手帕递给刘胡兰，说道："送给你作个纪念吧。"

他见刘胡兰有点犹豫，又接着说："这不是一件值钱的东西，不过倒是一件宝贵的纪念品。"

王根固告诉刘胡兰，这块手帕不是他的，而是他们营长临死时候送给他的。那位营长是他的老战友，也是他的老上级，不幸在一次战斗中英勇牺牲了。王根固有点伤感又有点激动地说：

"我把这块手帕转送给你，这是表示我们军民之间的战斗友谊！"

刘胡兰听他这样一讲，忙把手帕接过来，认真地说道：

"它是友谊的象征，我一定好好保存它！"

刘胡兰说完，就帮他拿着行李走出房门。房东听说王连长马上要走,也跟着送了出来。街上有好些送行的人,那几位伤病员早已等在那里了,正在和送行的人们依依话别。刘胡兰跟着众人,一直把王连长送到村外。

返回的路上,刘胡兰急急忙忙地掏出那块手帕看了又看,一会儿打开,一会儿叠起,乐此不疲,百看不厌。

危难时刻显身手

果真像王连长说的那样,刘胡兰送走了王根固不久,情况一天比一天紧张起来。勾子军72师的214、215、216三个团,先后都开到了文水县境内,看样子是要向解放区大举进攻了。

这时候,区里的干部们更忙了。他们分到各村去动员群众,进行备战。平时,刘胡兰常常跟着吕梅到各村去工作,这时候也单独出去活动了。她的职务是区妇联干事,不过区干部到了村里,并不是只管本部门的事务,村里的一切工作都要过问,有时连交公粮、修水利,村干部们也去请示她。

一天晚上,刘胡兰一回到家,胡妈妈就告诉她,听吕梅说组织上要派她到西山去,并让刘胡兰第二天在家里等她。

刘胡兰把包头手巾取下来,又从口袋里掏出日记本和水笔,凑在灯下,想把当天在保贤村动员新战士的经验总结一下。可是她怎么也静不下心来，老是想着派她到山里去的事。很早以前，她就向往山区，向往那个老抗日根据地，这回总算如愿了。她估计可能派她到老根据地去学习，要不平白无故打发她到山里去干什么呢？她早就听人们说，老根据地有好多学校和培训班，听说有的学校还专门吸收像她这样的文化不高、又缺乏工作经验的地方干部。她想，要是能够去学习二年，那该有多好哇！刘胡兰越想越高兴，好像她马上就要到老根据地进学校学习了。然而，妹妹老打断她的思路，一会儿问她山里离家有多远，一会儿又问她山里好不好，山里人吃什么饭，山里人穿什么衣服，山里的石头有多大，山里有没有老虎、豹子……开头刘胡兰还把自己知道的告诉她，后来，问得刘胡兰实在回答不上来了，就只好说："我也没有去过山里，谁知道是什么样子。"

胡妈妈认真地问她："胡兰子，他们派你去，你去不去呢？"

刘胡兰兴奋地说："争取都争取不到哩，当然去！"

第二天，吕梅找到刘胡兰，告诉她说，蒋介石决心要发动内战，调集了大批兵力，准备进攻延安。我们的主力部队，可能要调到黄河西面去保卫延安，保卫党中央，保卫毛主席。上级估计阎锡山很可能利用我主力部队撤走的机会，对文水进行残酷的镇压，妄想彻底摧毁文水的民主政权和党的组织。为了事先做好准备，应对这一严峻形势，县委扩大会议根据地委的指示和要求，准备把县、区、村各级机关进行一番整顿，抽出一些有武装斗争经验的同志，组成武工队，挑出一些年轻力壮的人，在地方上坚持工作，其余同志，转移到山上老根据地去。吕梅最后说，昨天下午区里也开了会，研究了哪些人组成武工队，哪些人留下来坚持工作，哪些人转移到山上去。其中，转移到山上去的人里面就有刘胡兰。

刘胡兰听吕梅讲完，坐在那里一句话也没说，拿着根枯树枝不住地在地上划来划去。过了许久，仿佛已经思考成熟似的，抬起头来对吕梅说："我想还是把我留下吧。我身体结实，能跑能跳。我能力是不大，可是不能多做也能少做一点，这里的形势这么紧，更需要有人做工作。"

"你知道今后的环境会越来越紧张，越来越残酷。区委考虑到你年纪轻，斗争经验也少……"

"你不是说在斗争中锻炼成长吗？"

"可是，你是个年轻的闺女呀……"

"不是男女平等吗？再说，你不也是个女同志？"刘胡兰笑道，"吃苦我不怕，你能坚持我就能坚持。再说我人熟地熟，也是个有利条件。"

吕梅说了半天也没有把刘胡兰说服，只好说："你的意见倒也值得考虑。不过，这是区委会的决定，我自己也不能更改。你的意见，我可以向区委转达。"

当天下午，吕梅回到区公所，只见区委王书记正坐在炕上擦手枪。王书记一见她进来，就问道："你和那些同志都谈过话了吗？"

"都谈过了。其他人都同意区委的决定，只有刘胡兰有些意见，她要求留下来。"

"为什么？舍不得离开家？"

吕梅摇了摇头。王书记又问："你是不是把当前的形势给她讲清楚了？"

吕梅说她都讲清楚了，然后就把刘胡兰要求留下来的理由说了一遍。王书记惊喜地说道："啊，想不到刘胡兰真是个不简单的姑娘哩！一个年轻的新党员，在危难时刻能顾全大局，不考虑个人得失，是不容易的，也是难能可贵的。"他回头又问吕梅："你的意见呢？"

吕梅说："我觉得刘胡兰的意见有道理。"

这天晚上，区委在开会讨论工作的时候，大家也把刘胡兰的请求研究了一下。觉得刘胡兰人熟地熟，她虽然是区干部，但还兼任村干部，更多的时间是在村里；她刚入党不久，一般人还不知道她是党员，不会引起敌人的注意。同时也考虑到留下来的人不多，这样就决定批准她留下来坚持工作。

当吕梅把区委的决定告诉刘胡兰时，刘胡兰笑了笑，没说什么，但心里却非常激动。她知道，这是党对自己的信任，也是一副沉重的担子。于是，她在心里暗下决心：一定要临危不惧，把党的工作做好！

情况越来越紧张了。决定撤到山上去的同志陆续都走了，石世芳也要走了。石世芳正在害病，临走时，他躺在担架上，握着刘胡兰的手说："胡兰子，你的任务是艰巨的，既要做好工作，又要注意隐蔽自己，今后的环境可不同从前了……"

刘胡兰听了这话已泣不成声。她点点头，说："世芳叔，有吕梅和我在,有留下来坚持工作的同志们在,你就放心地上山吧!"

留下来坚持工作的区干部,编成了几个小组,分头进行活动。刘胡兰和吕梅是一个小组,她们的主要任务是到各村督促、检查备战工作;动员群众埋藏公粮;安排坚持地下斗争的一套人马……工作很多,任务很重,此时情况也一天比一天紧张了。阎锡山提出"水漫式的进军"口号,集中大批兵力,同时行动,像洪水漫灌一样,企图一举"淹没"解放区。

刘胡兰和吕梅开头还可以公开露面,今天这里,明天那里,在各村进行工作,和区上的负责同志也可以取得联系。在敌人开始"水漫式的进军"以后,就和区委失去了联系。这时候,一些暗藏的特务分子、反动地主富农、流氓地痞也都活跃起来了。他们和勾子军互相勾结,成立反动武装,到处作威作福,搜捕革命干部和地下党。虽然环境恶劣,但刘胡兰她们仍然坚持工作,白天躲在野外,黑夜摸到村里去找村干部们了解情况,研究对付敌人的办法。

有一天夜里,她们和小杜那个小组相遇了。小杜他们也和区委失去了联系。小杜劝她们俩赶快撤到山上去,留下的工作由他们负责。吕梅和刘胡兰商议了一下,觉得把她们这副担子压到小杜他们身上,工作时间必然要拉长,与应对当前的紧急情况不利。于是她们谢绝了小杜的好意,继续坚持到各村去工作。

这天晚上,贯家堡农会秘书李宝荣忽然见到刘胡兰和吕梅来到家里,真是又惊又喜,一见面就连声说道:"哎呀呀,真没想到!

情况这么坏,你俩还没上山?"

吕梅问道:"情况这么坏,你为什么还在这里?"

李宝荣不慌不忙地说:"公粮、账簿已经埋藏好了,地下斗争的一套人马都已配备齐全了,应该撤走的干部也都打发走了。我吗?还有些工作没搞完哩!虽然我的一条腿有点跛,走起路来一瘸一拐的,但我是个老党员,还兼任党支部书记,该给地下党做出榜样!"

刘胡兰说:"老李同志,现在情况愈来愈坏,我看你还是早点撤到山上去的好。"

李宝荣笑着反问道:"为什么你们还在这里,嗯?难道说村干部的命比区干部的还值钱?老实向你们坦白吧,我根本就没打算撤上山!多走一个人,就少一个人在这里坚持工作。勾子军还没来村里,地主富农们倒挺着肚子走路了!再说,我要一走,群众情绪也会受影响啊!"

吕梅和刘胡兰劝说他,坚持工作当然重要,可是保存干部也重要,他的名声大,行动又不方便,还是早点上山去的好。两个人你一句我一句,说服了好半天,李宝荣不为所动,一定要坚持到底!好像他对个人的安危一点都不放在心上。但是,当他知道吕梅她们和区委失去联系的时候,却不由得担忧起来。他皱着眉头沉思了半天,然后认真地说道:"你们先住在我这里,我派人出去打探一下,先和区里联系上再说。说老实话,你们是区上的,负担全区的工作。你们与我不同,我是个村干部,即使出点事,关系也不大。"

刘胡兰听了李宝荣的话,心里热乎乎的。

第二天天还没亮,李宝荣就对吕梅说:"半夜里,咱们的文交支队(文水、交城两县联合组成的地方武装)来了两个侦察员找我,我给他们派了一个向导到前边去啦!"

吕梅一听说有文交支队的侦察员,忙问道:"文交支队在哪个村子?"

李宝荣说:"听侦察员说,如今在南白家庄。"

吕梅觉得在这种混乱情况下,一时和区委联系不上,不如先跟上文交支队活动好些。他们共同研究了一下,觉得这倒是个好办法。怕走得迟了,文交支队又转移地方,于是她们决定马上动身去南白家庄。李宝荣要派民兵护送她们,吕梅婉言谢绝了。李大嫂见她们立马要走,连忙拿出几个干饼来,让她们带在路上吃。她们没有推辞,把干粮包到包袱里,告别李大嫂,然后匆匆走了出来。李宝荣一直把她们送到村外,指给她们去南白家庄的道路。

虽然是初冬时分,但夜里天气十分寒冷。天快亮时,夜色却更浓,这正是"黎明前的黑暗"。天空没有一颗星星,四周也看不到一点灯光,到处都是黑乎乎一片。好在吕梅对这条路并不太生疏,而且前几天落的一场雪还在,借着雪光,模模糊糊还能辨清向前走的道路。在黎明前的寂静里,可以听到东边汾河里的流水声,偶尔还可以听到同蒲线上火车的长鸣声。火车头上的灯光像夏日里的萤火虫,有的往南飞,有的向北窜,那是阎锡山连夜调动军队的兵车。

路上,刘胡兰忍不住地问:"万一我们找不到队伍怎么办?"

吕梅不假思索地说："找不到也没关系，只要能找到村干部，能找到群众中的积极分子，就有工作可做。"

刘胡兰觉得吕梅讲得很对，她们并不是为找队伍而找队伍，主要任务是工作，找到队伍只不过工作更方便一些罢了。

她们快走到南白家庄的时候，天已亮了。临进村，吕梅迟疑不决地停下了脚步。她们向村里张望了半天，也望不见一个人影。吕梅像自言自语，又像对刘胡兰说："怎么看不见队伍上的哨兵呢？"

情况这么复杂，她们不得不提高警惕啊！两个人坐在路旁土堰上，一边休息，一边等村里有人出来好问问情况，可是等了好一阵也不见人影。吕梅把小包袱递给刘胡兰说："你在这里等一等，我进村去看看。"

刘胡兰争着要去，她不愿意让自己的上级去冒险。可吕梅说这村的情况她熟悉，大小干部她都认识，说完她就大踏步地走进村里去了。

吕梅走后不多久，就听见村北边响起一片枪声。枪声愈来愈密，像放鞭炮似的；喊杀连天，像天塌了似的。刘胡兰不由得吃了一惊，忙站起来向村中张望，隐隐看见街道上有人奔跑，接着就看见有些人跑出村来，有男有女，有的提着包袱，有的拉着小孩。刘胡兰忙迎上去，问他们是怎么回事。人们一面惊慌失措地向南跑，一面告诉她勾子军来啦！她又问文交支队在不在村里？人们说文交支队昨天后半夜就转移了。刘胡兰听后，心快跳出胸口了。她不顾一切地向村里跑去，想赶快找到吕梅。一个老汉见她朝村里跑，就气喘吁吁地喊道："你是想找死呀！"人们乱纷纷地告诉她，勾子军已经进村了，劝她赶快离开。刘胡兰只好转身跟着人们跑出村来，躲到了一片坟茔里。

刘胡兰向所有人打听吕梅的下落，谁都说不清楚。她趴在一个最大的坟头上，两眼一眨不眨地向村里张望着，她多么希望看到吕梅从村里跑出来啊！可是望了好半天，也看不到吕梅的影子。不一会儿，村子四周都出现了勾子军的队伍，看样子敌人企图围歼文交支队。刘胡兰知道文交支队已经转移了，想到这里，又暗自为文交支队感到庆幸。

这片坟茔离村子不太远，躲在坟地里的人们都不敢行动，怕暴露目标引来敌人。太阳已经偏西，还不见敌人有啥行动。刘胡兰跑了半夜路，一直顾不上吃东西，肚里早就喊饿了。她解开包袱，拿出李大嫂给的干饼，刚咬了一口，忽见几个小孩眼巴巴地望着她，有的还倒在妈妈怀里直喊饿。刘胡兰再也吃不下去了，就把几个干饼拿出来，全都分给了孩子们。

刘胡兰惦记吕梅的安危，使她坐卧不安。她躺在乱草丛中，想睡一会儿，可脑海里乱极了，一会儿出现吕梅被敌人捉住拷问的情形，一会儿又出现吕梅随老乡跑出村外的身影。有时她会想起石世芳，不知他的病好了没有；有时又想起王根固，要是他带着队伍来这里多好啊！

黄昏时分，一个老汉来到坟地，刘胡兰问他见到一个大个子妇女没有？老汉说敌人进村的时候，她就混在老百姓当中跑掉了。刘胡兰知道吕梅没有被敌人抓到，就放心地回云周西村去了。

刘胡兰回到家里,爱兰高兴得眼睛都亮了。她一下子扑到姐姐身上,又叫又喊,不知道怎样是好了。胡妈妈又惊又喜地问道:"这几天你在哪里?我和爱兰正念叨你哩。"

刘胡兰随口说道:"在贯家堡一带。妈妈,有什么吃的东西没有?"

胡文秀见女儿说话少气无力,知道是饿坏了。她边洗手和面,边向刘胡兰说道:"胡兰子,你走了这些天,勾子军来了好几回。翻箱倒柜,明抢暗偷,开口就骂,举手就打,真和日本鬼子进村差不多。"

原来,石玉璞的女婿——大象村的恶霸地主吕德芳,纠集了一伙地富子弟和地痞流氓,竖起了"奋斗复仇自卫队"的旗号。这条地头蛇,整天领着这伙地主武装,在附近村里为非作歹。大象村的勾子军,把云周西村的一个坏家伙石佩怀(小名石狗子),委任成村长了。这家伙整天在村里替敌人催粮要款,和勾子军称兄道弟,你来我往,拉扯得挺近乎。

刘胡兰了解到村里的情形后,忽然觉得自己的责任非常重大。她想,村里有许多工作需要人去做,哪怕是千斤重担,也要挺起腰杆挑起来。

刘胡兰吃完饭,看看天色还早,便决定趁黑到村里找找自己的人,了解一下详细的情况。她本来打算先去找李金香,走到半路又改变了主意,觉得还是应该先找郝一丑才对。郝一丑是抗战时期的地下党,暗地里为党做过不少工作。但从来没有担任过公开职务,他自己从来也没有向别人吹嘘过自己的那些汗马功劳。

因此，一般人都当他是个普普通通的老百姓。在敌人"水漫式的进军"之前，组织上便指定郝一丑留在村里坚持工作。

刘胡兰走到郝一丑家的时候，看到石三槐和石六儿也在这里。他们见到刘胡兰都很高兴，没等刘胡兰询问，就你一言我一语地抢着向刘胡兰汇报村里的情况。

石三槐说："石狗子可抖起来了。吃香的喝辣的，仗着勾子军的势力在村里抖威风，整天诈唬老百姓。在街上拍着胸脯大喊大叫：'凡是给八路军办过事的人，只要到我名下自首投案，我石某人就担保他全家平安无事，否则……'"

郝一丑打断他的话说道："要紧的是，这家伙威胁干部家属。要各家赶快把在外边的人叫回来，或是告诉他出去的人在什么地方，只要给他透个风，他就保证身家财产不受损失，要不然他就报告勾子军。"

刘胡兰听了非常气愤，她觉得这是个非常重要的情况。她忙问石狗子威胁了哪些家属？于是他们几个就掰着指头数了下去，什么时候，去了谁家，说了些什么话。数来数去，石狗子前后去过八家，差不多凡是转移走的干部家属他都去过了，就是没有去威胁过刘胡兰家。石六儿开玩笑地说："这狗日的还有点封建思想，瞧不起妇女。"要是往常，这话一定会引得人们哄堂大笑，可这会儿却没有一个人能笑出声来。

刘胡兰忽然问道："石玉璞怎样？村里那些地主、富农呢？有什么动静没有？"

石三槐忙说："石玉璞这家伙是个老滑头，整天钻在家里不出门。"

郝一丑接着说:"俗话说,咬人的狗不露牙!反正有他女婿替他打天下哩,他在背后当军师。"

石六儿说:"咱村的地主、富农,要想在咱村拉反动武装,办不到!"

石三槐说:"暂时村里还平静无事,就是这狗日的石狗子搅害得不行。"

石六儿说:"依我看,趁早把狗日的悄悄收拾了,要不,以后非坏大事不可。"

刘胡兰说:"那可不行。不经组织批准,咱们不能乱来。"她回头又向郝一丑说:"我看,尽快把这些材料整理出来,报到区里,看看区上的意见再说。"

刘胡兰回家时,郝一丑一直把她送到家门口。分别时,郝一丑说:"你怎说,我怎办。反正我听你的!虽然论年龄,我比你大,论党龄,我比你长,可不管怎么说,你是区上的人,特别是在如今这种情况下,你就是上级。"

刘胡兰知道郝一丑讲的是真心话,她也知道自己是个缺少经验的年轻干部,在目前这样严峻的情况下,工作上的任何一点失误,都可能给党造成损失,自己怎么能负起这么大的责任呢?可是又一想,觉得完成这一艰巨任务义不容辞。一个共产党员,越是在危难的情况下,越应该挺身而出。于是她和郝一丑商量,决定一面在村里继续坚持工作,注意敌人动静,搜集石狗子的材料,一面派石三槐去找区委。刘胡兰觉得石三槐虽然不是党员,但是忠实可靠。郝一丑觉得把这个任务委托给石三槐,是最放心不过的了。

第二天上午,刘胡兰就去找李金香。她们母女两个见到刘胡兰,真是悲喜交集。李金香诉苦似的说:"如今村里全变成敌人的天下啦!好久都没看见咱们的人,干部们都撤走了。你不在,玉莲也走了。"

"陈玉莲到哪里去了?"

"和她二嫂一块去找她二哥了。唉,也不知找到了没有。"李金香叹道,"真想不到,形势一下子就变得乱糟糟的。眼看着勾子军到村里横行霸道,眼看着石狗子在村里抖威风,心里气得不行,可就是不知道怎么办才好。"

刘胡兰见李金香情绪急躁不安,忙劝她说:"别看勾子军现在耀武扬威,迟早他们是要垮台的。现在情况是很不好,我们困难很多,不过一个闹革命的人,越是在困难的时候,就越要起来斗争,我们干革命就是要和各种各样的困难做坚决的斗争。眼下,我们应该向妇女们进行宣传,让大家相信组织,相信共产党,咬住牙熬过这一困难时期。要发动大家监视敌人的行动,特别是查访石狗子的罪行。"

李金香听刘胡兰这么一说,眼睛一亮,情绪似乎好起来了。她笑着说:"你一回来,我就有了主心骨。反正你让我做啥,我做就对了。"

接下来的几天里,刘胡兰和李金香装着去串门,分头走访了好些人家。人们都在骂石狗子,特别是那些干部家属们,一致要求把这个祸害除掉。在走访中,刘胡兰还发现了一个重要情况:

石狗子在暗查公粮埋藏在什么地方。看来,这家伙是要死心塌地地为敌人卖力了。

这期间,石三槐已打听到区长陈照德的下落,原来他正带着武工队在区南一带活动。刘胡兰和郝一丑商量,决定由郝一丑带着汇总材料,假借走亲戚,去找陈区长请示行动。

又过了两天,郝一丑回来了。他告诉刘胡兰,材料已经亲手交给了陈区长。陈区长说这事他也无权处理,要向县里请示才能决定。

12月21日晚,石六儿以到刘胡兰家借口袋为由,悄悄地告诉刘胡兰,陈区长已带着武工队进村了。

刘胡兰心里非常激动。好久都没见到区上的同志了,她有多少话要和同志们说啊!有多少事情要和上级研究啊!她恨不得一步跨到陈区长跟前。她家距陈区长家并不远,可觉得今晚的路已被拉长了似的,仿佛永远都走不到尽头。当她走到陈区长家门口时,碰到了石六儿,石六儿低声说道:"他们正等着你哩!"

陈区长一见刘胡兰,连声地说:"胡兰子,快坐下,我和郝一丑正等着你哩!区上和你们失掉联系以后,大家都很挂念你们。直到看了你写的汇总材料,我们才放心。"

刘胡兰忙问:"吕梅同志有下落吗?"

陈区长摇着头说:"暂时还没有联系上。吕梅人熟地熟,我估计不会出什么大问题。要是出了事的话,人们早就传开了。"

刘胡兰听了,才放了点心。她又问陈玉莲和二嫂的情况。陈区长说她们都上山去了。陈区长用满意的眼光望着刘胡兰说:"你回到村里来坚持工作很好,做得很对。这些日子够艰苦的吧?"

刘胡兰见陈区长突然表扬起她,不由得红了脸,忙说:"你和同志们的工作才算艰苦哩,重担子在你们身上。比起大家来,我做的那点事情还值得提?"刘胡兰接着就转过话头问:"照德哥,石狗子……"

陈区长忙说:"县里已经批准镇压石狗子了。我们今夜就是来执行这个任务的。"

刘胡兰听了,高兴地看了郝一丑一眼。陈区长接着说:"镇压石狗子是为了杀一儆百,警告那些地主和投靠敌人的人,谁要死心塌地地与人民作对,只有死路一条!同时这也是给群众撑腰打气,让群众知道,咱们的人还在这里!"

陈区长从云周西村说到文水,又从文水说到全国,越说越兴奋:"全国形势不是小好,而是大好,11月份消灭了蒋介石六个旅,连以前消灭的,就是39个旅了。蒋介石用来打内战的兵力共是200个旅,现在已被消灭将近五分之一了。《解放日报》不久前发表了一篇社论,说我们已经快爬到了山头上,再消灭蒋介石一些实力,就可以进入全面反攻。蒋介石和阎锡山垮台的日子已经不远了。"

刘胡兰和郝一丑听了,都感到很兴奋。刘胡兰说:"我们把这些好消息告诉群众好不好?让大家也都高兴高兴。"

陈区长说:"好!你们可以向群众宣传宣传,鼓足我们的勇气,增强我们的信心。"接着他又说道:"不要看全国的形势很好,咱们这里敌人的气焰还很盛哩!说不定以后咱们这里的情况会变得更坏，工作会更加艰苦！"

郝一丑说："只要全国形势好，咱们就是再苦点，心里也是高兴的。"

陈区长最后说："镇压了石狗子以后，你们要注意搜集群众的反应，同时也要注意一下敌人的动静。好了，你们都回去吧，我们现在要执行任务去啦！"

刘胡兰回到家里，心情仍很激动。从陈区长的谈话里，她了解到整个解放战争的形势：我们已经快爬到了山顶上，很快就会转入反攻，全中国解放的日子也已经不远了。想到这些，怎么能不激动呢？她从全国的形势又联想到云周西村的情况，她很赞同郝一丑说的那句话："只要全国形势好，咱们就是再苦点，心里也是高兴的。"

这天夜里，刘胡兰躺在炕上，翻来覆去，好久都不能入睡。一会儿回想陈区长谈话的内容，一会儿盘算镇压石狗子以后的工作，一会儿又期待外边镇压石狗子的枪声。

第二天一大早，出去拾粪的爷爷跑回来说，大街上贴出了政府的布告，石狗子被咱们政府镇压了，枪毙在村西口外。刚才，他老婆哭着向勾子军报告去了。

家里人听了这消息，都说石狗子罪有应得，死得活该！政府可算给村里除了个后患！

两个人的不眠夜

石狗子被处决的消息传开之后,云周西村人心大快。人们高兴地说:"这是给村里除了个大害!"过去有点悲观失望的人,如今情绪也变过来了,知道自己的人并没有撤走,村里还不全是敌人的天下。很快,在镇压了石狗子后的第五天,敌人就到云周西村报复了。

这天恰好刘胡兰不在村里,她一清早就到东堡村去传达陈区长的讲话精神。晌午时分,她正打算回家,听东堡村里的人们传说,大象的敌人到了云周西村。刘胡兰爬到高处一看,果然见云周西村冒起一大股浓烟,看样子是在村西头她家那一带,但弄不清究竟是烧了谁家的房子。刘胡兰看到这情景,又急又气,也不敢马上回村去了。一直等到太阳快落山的时候,打听到敌人已经走了,这才匆匆忙忙地向村里走去。

快到村口的时候,远远看到有个老汉拉着两只绵羊,蹲在村边一片麦地里放青。刘胡兰快走到跟前的时候,才认出这个人是石五则。刘胡兰觉得奇怪,忍不住问道:"五则叔,现在环境不好,你还敢出来放羊?"

石五则心平气和地说:"反正如今咱也不担任啥职务,我看没什么要紧的,倒是你应当小心点!"

石五则说的倒是真心话,尽管以前他对刘胡兰怀恨在心。他觉得包庇地主被开除党籍,撤销了农会主任的职务,没啥了不起,真是"塞翁失马,焉知非福",从现在的情况来看,反倒好处多多呢!

刘胡兰向他询问今天敌人进村的情况。石五则一字一板地告诉她说:今天进村里的不是勾子军,而是吕德芳的"奋斗复仇自卫队",是来给石狗子报仇的。烧了区长陈照德家的房子,抢走了一些粮食和衣物,还委任了一个跨村村长孟永安,是大象人。孟村长跟着"奋斗复仇自卫队",召集群众训了一顿话,然后又跟着"奋斗复仇自卫队"回去了。

刘胡兰进村后,首先跑到陈区长家,只见房倒屋塌,火早已扑灭,那些烧焦的椽子、烧毁的家具还在冒烟,满院子一股焦煳味。陈大爷和石三槐,还有几个邻居正忙着在瓦砾堆中搜捡没烧完的东西。陈大爷满脸黑污,脸色黑得吓人,正瞪着血红的眼珠子,气汹汹地骂道:"让狗日的烧吧!房子能烧了,心可烧不了!"他拍着胸脯说:"狗日的们以为烧了房子就完啦?完不了!迟早有算总账的那一天!"

吕德芳带着"奋斗复仇自卫队"回去后,不但没有得到勾子军的奖赏,反倒被营特派员张全宝训斥了一顿。

"草包!"

"是。"

"饭桶!"

"是。"

"脑子进水了还是被狗扒吃了?"

"是。"

"是你他妈的打草惊蛇!"

"是。"

吕德芳被训得一头雾水,不停地说"是"。张全宝气急败坏地说:"重要的不是烧房子,而是要设法肃清共产党的地下组织,明白吗?"张全宝当即密令吕德芳,要他通过他的岳父石玉璞,首先摸清云周西村有哪些可疑分子,然后再一网打尽。

连着十多天,敌人没有到云周西村来骚扰,表面上看好像风平浪静,实际上敌人在暗地里正耍花招。

吕德芳通过他的岳父石玉璞,在村里活动了好多天,并没有发现党的地下组织。只是觉得石三槐是陈区长的舅舅,石六儿当过民兵,与民主政权关系密切,可以从他们身上找到线索。而石五则以前是农会主任,在共产党里干过事,也可能了解点情况。

石五则认为如今是阎锡山的天下,要想平平安安过日子,就得找个靠山,万一有个风吹草动的,也好有人庇护庇护。他知道石玉璞的女婿如今是勾子军的红人,土改时候自己包庇过石玉璞,并因此丢了党籍丢了官。他想，这些事自己不说，石玉璞也心中有数，于是就亲自找石玉璞拉交情、找退路。狡猾的石玉璞也像石狗子一样，拍着胸脯说:"一切都由兄弟担保，保你平安无事！"谁知石玉璞这滑头翻脸比翻书还快，转身就把石五则的情况告诉了女婿吕德芳。

1947年1月8日，勾子军二连连长许得胜准备带人到云周西村抓捕石三槐、石六儿、石五则三个人。临出发时，阴险狡猾的特派员张全宝让他们再多抓两个老百姓，目的是给地下党造成一种错觉，好像他们是随便抓的几个人。

勾子军一进村，最先碰到的就是张申儿和二痨气，于是就把他们二人捆了起来。

清早出门挑水的刘景谦看到勾子军在街上捆人，挑着空桶就跑回来了。他把水桶扁担往院子里一扔，慌慌张张地对刘胡兰说:"胡兰子，勾子军来啦！把张申儿和二痨气捆起来了！"

刘胡兰听了，又是吃惊又是奇怪。她知道张申儿和二痨气既不是党员也不是干部，不知道敌人为什么要抓这么两个普通老百姓。她忙问爹爹:"还抓了什么人？"

爹爹摇了摇头说:"我就看见这两个。"

这时，忽听街上传来一阵叫骂声和杂乱的脚步声，家里人都慌成了一团。胡妈妈要刘胡兰赶快出去躲躲。爹爹说街上尽是勾子军，不能出去。爷爷急得大叫:"快关门！快关门！"大爷说敌人要是想进来，关了门也无济于事。爱兰脸色吓得煞白，紧紧拉住姐姐的手。刘胡兰却显得很镇静。她安慰家里人说:"勾子军不一定是来抓我的。要是勾子军真的来抓我,就是藏到箱子里、柜子里,他们也会打开搜的。就是吓得浑身发抖,敌人也不会轻饶你。"

大爷说:"你们先不要慌,我先出去看看。"

大爷出去不多一会儿就回来了,他低着头叹着气说:"勾子军已经走了,共捆了五个人。"

刘胡兰急忙问道:"捆走了哪些人?"

"除张申儿和二痨气,还有石三槐、石六儿、石五则三个。"

刘胡兰听到这些名字,不由得"啊"了一声,紧紧地皱起了双眉,心里又是愤怒,又是难过,一早晨都没讲一句话。她一面猜测敌人的阴谋,一面苦思对策。眼看村里人被勾子军抓去,自己是村干部又是区干部,怎能不着急呢?

吃完早饭,刘胡兰决定去找郝一丑。正要动身,恰好郝一丑来了。胡妈妈不知道郝一丑是干什么的,不过她见郝一丑来找女儿,猜想一定有什么事要商量,说了几句应酬话就离开了。爱兰也主动跑到门口放哨去了。郝一丑见屋里只有刘胡兰一个人,这才用低沉的声调说道:

"勾子军抓人的事你知道了吧!下一步棋怎么走?"

"我看得赶快把这些新情况向陈区长报告。另外要想法打听被捕人的消息。"

"这可难了。大象据点里没咱们的人呀!"

"石六儿妹妹贞贞不是嫁到大象了吗?也许她能探听点什么。"

"对,对,这是条线索,你想得比我周到。我这就到石六儿家去。"

刘胡兰忙说："我看这样吧，咱们分分工，你去找陈区长汇报，村里的事我来办。"接着又说："一丑哥，以后你别到我家来找我，有事托个人叫我好了。"

"这是为什么？"

"免得引起别人的怀疑。我担任过公开职务，你和我不同，该继续隐蔽。现在情况愈来愈坏，说不定村里有敌人的眼线，你还是要多注意保护自己。"

郝一丑听了很感动，同时也为刘胡兰不断丰富的斗争经验而高兴。他对刘胡兰说："你也得小心呀。"

刘胡兰会心地一笑："这个我知道。"

刘胡兰送走郝一丑，就偷偷溜到石六儿家。石六儿被勾子军抓走，家里人愁得没办法，正在啼啼哭哭。刘胡兰劝慰一会儿，又问他们石六儿当时被捕的情况，是什么人引着勾子军来的？他家里人说，没看见谁引着，勾子军像野兽一样冲到屋里，捆了人就走。他们都把刘胡兰当作亲人，哭哭啼啼地让刘胡兰想想办法。刘胡兰说先让贞贞打听一下石六儿的消息，然后再想法搭救。六儿妈这才想起女儿贞贞，立马到大象村女儿家去了。

刘胡兰离开石六儿家，又去被捕的其他几家看了看，她一面安慰他们，一面了解当时被捕情况。在查访中，她发现张申儿和二痨气是敌人在街上碰见的，不问青红皂白就捆走了。另外三人则是勾子军直接到家里抓去的。刘胡兰心里不住地猜想："要是没有人指引，勾子军怎么会知道这三个人住的地方呢？敌人为什么要抓二痨气和张申儿呢？难道是为了凑数？是不是另有企图？"她觉得张申儿和二痨气不了解内情，即使经不起拷问，也不会坏多大的事。可是另外三个人能经得起这个考验吗？她特别担心石五则，他在敌人面前是个硬骨头还是个软骨头呢？不过，所幸的是石五则并不知道党组织安排郝一丑在村里坚持工作的事。她想到这里，心里多少又轻松了一些。

第二天下午，六儿妈从大象回来了。她告诉刘胡兰说，被抓去的人都关在武家祠堂里，已经审问了两回。除了石五则，全都挨打了。特别是石三槐和石六儿，敌人拷打得特别厉害，吊打、辣椒水、压杠子、坐老虎凳，把各种刑罚都用上了，要他们说出村里哪些人是共产党，以及共产党的活动情况，可是他们什么也没有说。六儿妈哭着说："贞贞今晌午给她哥送饭去的时候，六儿让她给你和郝一丑捎话：'看样子活着出不去啦，我和三槐叔已经商量好，我们横了心啦，死也不投降。就怕石五则靠不住，敌人一吓唬，他就爷爷奶奶地求饶，把他做过的事全说了。'"

刘胡兰听到这些情况，心里感到非常沉重，像压着一块大石头似的，同时又对石三槐和石六儿产生了一种十分敬佩的感情。她想把这一情况赶快和郝一丑研究一下，也想听听区上的指示。可郝一丑一天没回，两天没回，到第三天还没有回来。他家里的人很着急，刘胡兰也不由得为郝一丑担心起来了，是找不到陈区长呢，还是出了什么岔子？

刘胡兰在等待郝一丑的同时也做着最坏的打算。她把自己的东西都理了一遍，把笔记本和一些信件都烧毁了。然后又偷偷召集以前的妇女干部们开了个小会，嘱咐大家准备口供，万一被捕，应该怎样对付敌人，怎么和敌人周旋，并动员远处有亲戚的人，最好出去躲几天。她自己也提高了警惕，白天就到可靠的人家去串门，夜里也不在家里住了，东家睡一天，西家住一夜。为的是防备敌人突然来搜捕。1月11日晚上，刘胡兰住到了同学好友李金香家里。

自从敌人在村里逮捕了五个人以后，李薏芳很恐慌，整天为女儿李金香提心吊胆。这天，李薏芳去找一家远房亲戚，想商量商量让女儿去躲避几天。李金香不敢一个人睡，刘胡兰就和她做伴来了。两个人都无心纺花做针线活儿，为了解除烦闷，她们炒了些黄豆、瓜子，边吃边聊天。刘胡兰想给李金香宽心，就故意讲些有趣的事情，可是说着说着，李金香又扯到勾子军身上了。她问刘胡兰：

"胡兰子，你说勾子军会不会来抓咱们？"

"你最好不要老想这些。"

李金香苦笑了一下说："由不得就想到这些事上了。"停了停，又关切地问道："胡兰子，情况这么坏，我看你也不如出去躲几天。"

刘胡兰说："我妈也和我说过好几次了，不过我得先和区里取得联系再说。村里实在待不住了，也只好找个地方避避风头。"

两个人都陷入了沉思之中。过了一会儿，李金香忽又说道："胡兰子，万一勾子军把咱们抓去可怎么办呀？"

刘胡兰直截了当地回答："没有别的办法，只有两条路：一条是出卖革命，出卖同志，当叛徒；另一条就是坚持到底，豁出命来光荣牺牲,要杀要剐由他好了!"停了一下又说道:"生命是宝贵的,年轻的生命是无限美好的。唉!谁不愿活着,可是为了革命……"

刘胡兰本来还想说,她从入党的那一天起,就已经下定了为革命牺牲一切的决心,不怕流血,不怕牺牲,困难面前不低头,敌人面前不屈服,做一个无愧于共产党员光荣称号的真正的党员。但面对李金香,她又把这些话咽回肚里,换了句话说:"要革命就要不怕流血,为革命牺牲了也是光荣的!"

接着刘胡兰就说起了那些为革命牺牲的烈士们的故事,说到了她们都熟悉的小交通员武占魁和王士信,也说到了在云周西村作报告的县长顾永田。当她说到这些英雄人物的时候,情绪显得很激动,脸上流露出敬佩的神情。李金香也受到了这种情绪的感染,也不像刚才那样前怕狼后怕虎的了。她情不自禁地问刘胡兰:"不知怎的,一说起这些事情,心里就会有一种神秘的力量和无畏的勇气,好像天塌下来也不怕了,好像马上让我去死也没什么了不起的了。真的,砍下脑袋也不过是碗大的疤,有什么了不起的!"

刘胡兰笑着说:"谁让你马上去死啦。谁也不会故意拿脑袋往刀刃上碰。我只是说,既是参加革命,就应该有这样的决心。当然,要争取有最好的前途,不过,也应该做好最坏的打算。"

这天晚上,她们一直谈到二更多天。正打算睡觉,忽听外边有人打门。两个人不觉一愣,互相看了一眼。刘胡兰镇静了一下,忙跳下炕来,走出屋门,李金香也脚跟脚地走了出来。她们到了院子里，只听房东老汉站在门跟前向外问道：

"谁？"

"我。"

刘胡兰和李金香听见声音很熟，可一时又想不起是谁。只听老汉又问道：

"你是谁？"

"听不出来吗？我是陈照德。"

刘胡兰一听是陈区长，高兴得什么也不顾了，三脚两步地跑到前边，给陈区长打开了大门。

月光下，刘胡兰和李金香看见门外除了陈区长，还有五六个全副武装的武工队员。陈区长留下一人在门口放哨，然后大家都拥进屋里来了。

刘胡兰跟着他们回到屋里，只见陈区长他们一个个冻得脸色发紫，有的人胡须上、眉毛上都结了一层白霜。她慌忙把刚刚封好的炉子捅开，同时又迫不及待地问陈区长："一丑哥找到你没有？"

陈区长点点头说："找到了，直到昨天晚上才见到。有什么吃的东西没有？"

刘胡兰和李金香一听这话，连忙张罗着要做饭。陈区长说："来不及了，我们马上就走。"

李金香连忙把她家所有能吃的东西全找出来。刘胡兰也忙灌了一壶水，放到炉火上烧。陈区长一面烤着冻僵的手，一面对刘胡兰说："情况很坏，勾子军现在要搞什么'自白转生'，看样子就是要来一场大屠杀，区里决定让你赶快撤到山上去。"

"什么叫'自白转生'？"李金香问。

"'自白转生'就是假借群众名义召开大会，用毒打、屠杀，威胁逼迫共产党员、革命干部，以及军属、干属和积极分子们自首投降。不自首投降的，当场即用乱棍打死。阎锡山规定：不'自白'者，乱棍处死；'自白'不彻底者，乱棍处死；只'自白'自己不'自白'别人者，乱棍处死。所谓'乱棍处死'，就是强迫群众用棍棒乱打至死。阎锡山规定：'凡不愿乱棍处人者，乱棍处死。'"陈区长把自己知道的一一说给李金香听，接着就问："你妈哪里去了？"

"到亲戚家去了。正想法儿让我到亲戚家躲一躲呢。"李金香说。

陈区长说："她的前夫，你的继父，跑到勾子军74师当了侦察排长啦，恐怕你在村里待下去也很危险。我看不如和胡兰子一块儿到山上去，过了这一阵再说。"

李金香忙问："什么时候走？"

陈区长说："越快越好。今晚上我们有重要任务，不能带你们，我们是绕道来先通知你们一声。明天你们到北齐村找安厚常，他会派人把你们送到山上去的。我已经给你们安排好了。"

刘胡兰问："村里的工作呢？一丑哥和你们一块回来了没有？"

陈区长点点头说："一切我都交代给他了。你们放心地走吧！这是组织的决定，也是命令。"

刘胡兰问:"抓到大象去的那些人怎么办？能不能想法救他们？"

陈区长叹了口气:"唉！办法都想过了,劫狱和偷袭都不行。勾子军有一个营的兵力,还有一个机枪连。咱武工队只有一二十个人,硬打硬拼只会牺牲更多的同志。"陈区长说完低下了头,看得出来他心里也很难过。他沉思了一会儿,又抬起头说道:"你们放心走吧,我们想尽一切办法营救他们。"

刘胡兰问他吕梅有消息没有。陈区长说:"我差点忘了告诉你,吕梅同志已经转移到山上去了。"

刘胡兰听到这消息,心里的一块石头才算落了地。

陈区长他们吃了点干粮,喝了点开水,就匆匆忙忙地离开了。

刘胡兰和李金香送走陈区长他们,赶忙熄灯睡觉,想第二天早起,准备上山的事情。可是两个人躺在炕上,谁也睡不着。今天晚上是她们留在村里的最后一夜了,两人心里都不平静。李金香心里很高兴,她真想马上告诉妈妈这一好消息,她不用躲到亲戚家去了。她要和刘胡兰上山了,比到亲戚家去保险多了。可是她一想到马上就要离开妈妈,心里又一阵惆怅。前年在妇女训练班学习的时候,夜里常常梦见妈妈。这回上山了,不知道什么时候才能回来哩。至于那个继父,自从她们娘俩跟着他,就没过上一天好日子,妈妈早已和他离了婚,金香早就把他看作是比勾子军更坏的人了。

刘胡兰心情很复杂,她很感激党对她的关怀,党对一个同志是这样爱护,考虑得比自己想的还要周到。她真觉得党比自己的亲人还亲。可是她一想到被捕的那些人,心里又觉得很难过。她一会儿想到石三槐、石六儿;一会儿又想到郝一丑和陈区长他们。她想,今后这里的环境会更坏,更残酷,留下来坚持工作的那些同志们,不知会遇到多大的困难呢!后来她又想到了家人,想到了妈妈,想到了妹妹爱兰……

"胡兰子,你睡着了吗?"这时,李金香忽然问道。

"没有。"

"不知怎么的,我今晚怎么也睡不着。胡兰子,你说咱们到了山上,会让咱们干什么?"

"不知道。反正听从组织安排吧!我希望是去学习学习。现在总觉得自己文化水平太低,还有好多道理都弄不明白,好多事情都不知道。比如上了山我们都不知道干什么,比如勾子军为什么要搞'自白转生'等。幸亏参加了妇训班,才懂得了一些革命道理,如能到山里再学二年,一定会懂得更多!"

李金香兴奋地爬起来,伏在枕头上说:"我也是这样想的。要能住几年学校该有多好啊!"

她们就这样你一句我一句、东一句西一句地说开了,从上山去学习,说到什么时候能回来;从目前的情况,又说到将来形势好转以后的情形。刘胡兰忽然问道:"金香,我问你个问题,全国解放以后,你打算做什么?"

"全国解放以后做什么?呀!我从没想过这事。你等等,让我想一想。"李金香想了一会儿,说:"就像吕梅姐那样,好好工作。唉!我怕我干不了哩!还是先学习吧!学好了,想干什么就干什么！胡兰子，你说，你想干什么？"

"以前，我想将来最好当大夫。"

"大夫？就是当看病先生吧？你怎么想干这个？"

"想来，我自己都觉得好笑哩！我以前一直认为，只有大夫和邮差是老百姓最需要的。你猜我怎么想当大夫的？今年，不，已经过了阳历年啦，应该是去年。去年秋天北贤战斗以后，不是给咱们村分来五个伤病员吗？我看见他们那么痛苦，心里真不好过，可就是插不上手。特别是看到王连长的疥疮，浑身痒得难受，当时我就恨不得让疥疮生在自己身上……"

李金香笑着打断了她的话："你想当大夫，是为了给王连长治病吧！说真的，能当大夫真好。要不，将来我也跟你学当大夫吧！"

刘胡兰又说："王连长病好归队后，我又想，将来最好是开拖拉机。有回报社来了个新闻记者，晚上住在了区上，他和大伙闲谈的时候，说我们文水的土地好，比交城好多了，又平整又肥沃，等全国解放以后，要是用拖拉机耕种的话，一定能打很多粮食。"

李金香忙问："拖拉机？什么是拖拉机？你就没问问他？"

"我问啦，他说他也没见过，他是从书上看到的，大概和汽车差不多，不用牲口，但喝油，一个人开着就能跑，一天就能耕种好几百亩土地……"

李金香不等刘胡兰说完，就兴奋地抢着说："啊！那太好了。胡兰子，要不将来咱们一块学开拖拉机吧！"

刘胡兰说："唉！咱们又扯到哪儿去了。快睡吧，明天还要早起哩！"

两个人都不说话了，屋子里静得能听到耗子咬木头的吱吱声，也能听到两个人轻微的呼吸声。她们好像都已经睡着了，可没过一袋烟的工夫，刘胡兰忽然问道："你妈明天要是回不来，你走不走？"

金香立马接嘴说："她上午不回来，我下午就走，就是不走，我也要找她去。唉！我这个苦命的妈呀，迟不去早不去……怎么又说开了，快睡吧！"

刚睡一会儿，李金香又问刘胡兰："咱们到了山上，一定会见到吕梅姐和陈玉莲她们吧？"

"我也正在想她们哩！一定能见到。别说了，快睡吧！"

两个人就这样，睡一会儿，说一会儿，谁都没有真正睡着。黎明时，忽听一阵急促的敲门声，刘胡兰和李金香同时问道：

"谁？！"

她们从门外答话的声音，听出是李薏芳回来了。两个人立即爬起来穿好衣服，打开大门。

李薏芳一进门，带进来一股冷气。她脸上冻得通红，呼出的热气把眉毛和唇边的围巾都染成了白色。她冷得又是搓手，又是跺脚，嘴里嘟哝道："真冷死了，快冻僵啦！脚都不像自己的啦！"

刘胡兰问道："你怎这么早就往回跑？"

李薏芳说她是后半夜搭拉炭车赶回来的。李金香和刘胡兰一边忙着生火烧水，一边告诉李薏芳，昨天晚上陈照德区长带着武工队路过这里,说形势愈来愈坏,要让她们赶快撤到山上去。

李薏芳问:"什么时候走?"

李金香说:"打算今天下午就走,先到北齐村去,陈区长已经给安排好了,那里有人往山上送我们。"

李薏芳说:"罢罢罢,快走吧。这年月,在村里担惊受怕的真难熬!上了山我也就安心啦!"随即又说:"山上比咱们这地方冷,你们一定要多带点衣服。"

不一会儿,水已经热了。刘胡兰洗完脸,梳了梳头,急着要走。李薏芳留她在这里吃饭。刘胡兰说要赶快回家收拾东西,回头又对李金香说:"你可别多带东西,爬山路,东西多了背不动。"说完就走了出来。

街上冷冷清清,看不到一个人影。天空阴沉沉的,像是倒扣的陶罐,低低地压在头顶。西北风吹得干树枝"哗啦啦"地响,像不住声地喊疼一般。天气冷得厉害,风吹到脸上,像刀割一样。刘胡兰把手藏在袖筒里,急急忙忙跑回家去。

回到家的时候,家里人也刚刚起来生火做饭。她把要走的消息告诉给妈妈胡文秀。

妈妈胡文秀长叹了口气说:"对!早点到山上去就安全了。"

家里人听说刘胡兰要上山,也都赞成她快点走。只有妹妹心里有点不乐意。她见姐姐忙着收拾东西,就噘着嘴问:"姐姐,你走了还回来不回来?"

刘胡兰笑着说:"当然回来。等到环境好些了,等到春天来的时候,姐就回来了。"

刘爱兰发愁地说:"到处都是勾子军,什么时候环境才能变好呢?"

刘胡兰说:"别看勾子军现在张牙舞爪,他们的日子不长了,就像今天的天气一样,太阳总会出来的。"

怕死不当共产党

1947年1月12日,早饭后,刘胡兰烧了一锅热水,打算把换下来的脏衣服洗一洗,好带到山上去。她刚把衣服泡到盆里,揉搓了几下,刘马儿大爷就慌慌张张跑了进来,一进门就上气不接下气地说:"坏事啦,勾子军来了!"

刘胡兰急忙问道:"来了多少?在哪儿?"

刘马儿喘着气说:"不知道。我只看见敌人把村口封住了,只准进不准出。不知道狗日的们要干啥呀!胡兰子,我看你躲一躲吧!"说完急急忙忙地走了。

爱兰不等姐姐说话就往外跑,她边跑边说:"我出去看看。"

爱兰越来越懂事,胆子也越来越大了。每当有了敌情,她总是像侦察员一样到处跑着探听消息。这天她跑出去不一会儿,就跑回来报告姐姐说,有一伙子勾子军,捆绑着前几天被抓去的石三槐、石六儿他们到庙上去了。刘胡兰听了不由得一惊，猜不透敌人要搞什么名堂。她知道石三槐、石六儿两个人在敌人的监狱里表现得非常好，没有暴露一点秘密，也没有做软骨头。敌人把他们押解回来，是要干什么呢？她不由得替他们担心起来。正在这时，爷爷和大爷慌慌忙忙地跑回来了。大爷本是个遇事最能沉住气的人，可这回也显得有些手忙脚乱了，一进屋差点把脚踏到洗衣盆里。他告诉刘胡兰说，如今勾子军正在村里抓人哩！他在街上看见区长陈照德的大爷陈树荣老汉，石世芳的哥哥石世辉，还有退伍军人张年成都被抓起来了。

原来被捕的那五个人当中，有人投降了，向敌人告密了！这个人就是以前的农会主任石五则。在敌人第一、第二次审讯的时候，石五则的骨头就软了，把他前前后后干过的事全讲了，不过，前两次他还没有供出别的人。可是在第三次审讯的时候，这个败类把他所知道的秘密彻底向敌人"自白"了。把刘胡兰出卖了！把村里那些干部家属们也出卖了！敌人得到这一口供，如获至宝，立即写成报告，派传令兵送到了驻扎在文水县城的团部。

11日下午，大象勾子军接到了团部的指令。当天晚上，营长冯效翼召开了紧急会议。参加会议的人除了副营长侯雨寅、营特派员张全宝、各连连长之外，还有"奋斗复仇自卫队"队长吕德芳和新委任的云周西村跨村村长孟永安。会上，冯效翼宣读了团部的指令：

"1月10日报告悉，已转呈师部，顷接师部指令：对你营此次破获云周西村共匪地下组织刘胡兰等一案，深为赞许。同时指责你营以往工作不力，地区开展缓慢，显系作法太软。今后要去掉书生习气，勿存妇人之仁。'宁可错杀一百，切勿放过一个'。速乘此良机，在云周西村开展'自白转生'，做出榜样。以逸待劳，彻底肃清共匪'伪装分子'（这是阎锡山对共产党地下工作人员、革命干部、革命群众的一种污蔑称呼。对其军政人员中有嫌疑的人，亦称之为'伪装分子'）。切切此令。"

接着，这些勾子军就开始研究行动计划和部署，决定拂晓突击包围云周西村，由机枪连连长李国卿负责警戒；二连连长许得胜负责抓捕石五则供出来的那些人；云周西村村长孟永安负责召集全村民众开会；"奋斗复仇自卫队"队长吕德芳负责乱棍处死石三槐等人。特派员张全宝除负责总指挥之外，要不惜一切手段，亲自促使刘胡兰"自白"。

"我看你还是躲一躲吧！小心没有过火的！"大爷说。

刘胡兰觉得大爷说的对，应当避避风险。她忙擦了擦湿手，正打算出门，就听街上响起了紧急的锣声，接着是叫喊声："全村民众，不分男女老少，赶快到观音庙开会。无故不到，查出来要按私通'共匪'办理！"

全家人听到锣声和叫喊声，都替刘胡兰担心，都劝她赶快躲一躲。可是究竟躲到哪里才合适呢？万一勾子军挨门挨户搜查，躲到别人家也不保险呀！妈妈胡文秀好像想起了什么似的，她对刘胡兰说："胡兰子，你到金忠嫂家躲一下吧。我看那倒是个好地方。她刚生下小孩四五天。万一敌人要查问，就说是侍候坐月子的。"

刘胡兰到了金忠嫂家里,只见屋里除了金忠嫂和婴儿之外,还有几个女人,看样子也是来这里躲避的。刘胡兰刚和金忠嫂说了几句话,从门外又跑进一个20多岁的女人。她一进门就说道:"这不得好死的勾子军,又召集人开会了。昨天下午,勾子军在大象开会,用铡刀铡了两个人,差点没把我吓死。我只想连夜跑到姐姐这里躲几天,不料从狼窝又跳到了虎穴,这些狗日的又扑到这里来了。"

正说着,只听街上响起了第二遍锣声,叫喊人们到观音庙开会。说是谁家要是躲着不去,或隐藏外人,查出来立刻处死。一听这话,满屋子妇女都慌作一团。从大象来的女人说:"我可是死也不敢再去开会了,我就说是在这里侍候姐姐坐月子的。"

众人你看看我,我看看你,都不知道该怎么办才好了。

刘胡兰刚进来的时候,见有这么多人都想以侍候坐月子为由,在这里躲藏,就觉得自己在这里不太合适,万一勾子军来搜查,不是要连累好多人吗?刚才听到勾子军又敲锣三令五申,不准私藏外人,更觉得自己躲在这里不合适了。她见人们都不说话,就站起来说道:"金忠嫂,我走了,我另找个地方去。"说完抬脚就走出来了。

刘胡兰走到南场边一个玉米秸秆草堆时,只听草堆里有人低声地喊道:"胡兰子,快进来!"

刘胡兰钻进秸秆堆里,里边黑洞洞的,散发出一种柴草霉烂的气味,只有李金香一个人躲在里边。

刘胡兰刚钻进去,勾子军就围了过来:"出来!出来!不出来就点火烧死!"

李金香吓得缩成一团,不知如何是好。刘胡兰说:"别怕,你就躲在这里不要动,我出去把勾子军引开!"说完就从秸秆堆里钻了出来。

勾子军见到刘胡兰,不问青红皂白,挥舞着皮带吼叫着,要她立马去开会。刘胡兰知道已无法走脱,只好挤进走过来的人群中,和大家一起朝观音庙走去。

当他们走到观音庙跟前的时候,只见庙前边的广场上站了好多人,有男有女,有老有少,广场四周站满了端着刺刀的勾子军。护村堰上摆着两挺机关枪。一些穿着便衣的"奋斗复仇自卫队"队员们,在人群中穿来穿去,东瞅西看,不知道他们在寻找什么。刘胡兰忽然在人群中发现爹爹、妈妈,大娘、大爷也被赶来了。她忙从人群中挤过去,站在自家人跟前。家里人看见她都很吃惊。胡妈妈低声地问:"你怎么也来了?勾子军到你金忠嫂家搜查去了?"

刘胡兰说:"躲在她家的人太多了,我想换个地方,已经来不及了。"

妹妹拉着她的手低声说:"姐,你站到爹爹后边吧。"

正在这时,有一个"奋斗复仇自卫队"队员分开众人,一直向刘胡兰这边走来。刘胡兰一眼就认出了这个人是武金川。武金川原是大象的民兵,刘胡兰在大象搞土改时见过他,没想到这家伙竟然当上了地主的狗腿子,当上了"奋斗复仇自卫队"的队员。武金川走到刘胡兰跟前,假惺惺地对她说:"胡兰子,我跟你说点事。等一会儿，要开'自白转生'大会，到时候你上台去把给八路军办过些什么事都说说。说了就算'自白'啦！"

刘胡兰狠狠地瞪了他一眼说："我没什么可说的。"

武金川说："反正你不说人家也都知道。不'自白'就要乱棍处死，你听见了没有？要乱棍处死！'自白'了也就没事啦！你看看我，不是啥事也没有……今天你不'自白'，就要你的命……"

刘胡兰打断他的话说："我的骨头没那么贱！"

武金川的脸"呼"的一下红了。他是奉命来劝降刘胡兰的，满以为一说就成，自己可以在吕德芳队长面前立一功，没想到一来就碰了一鼻子灰。他见刘胡兰扭过头去，连看都不看他。于是恼羞成怒地说："咱们在大象认识，这是缘分，所以我来给你透个信。哼！等着瞧吧。到时候吃不了兜着走！"说完气冲冲地从人群里挤出去，像条狗一样灰溜溜地跑进观音庙里去了。

天空乌云翻滚，广场气氛森严。这时候，刘胡兰已经清楚，一场严峻的考验就在眼前。勾子军不断把村里的人三三两两地赶到这里来，把抱着吃奶娃娃的妇女、拄着拐杖的老太太都赶来了。躲在金忠嫂家的那些女人，也被赶来了。

胡文秀忽然觉得刘胡兰两手好像在鼓捣什么，低头一看，只见女儿慢慢脱下手上的银戒指，又从口袋里掏出一个盒子和一块洁白的手帕。她把这三件小东西一件件拿在眼前细看，看看这件，又看看那件。胡文秀真不明白，在这么紧急的关头，在这四处都是勾子军的广场上，胡兰子怎么玩起这些东西来了。

这是三件不值钱的小东西,却被刘胡兰视为最为宝贵的纪念品。万金油盒子是她的入党介绍人石世芳送给她的,虽然万金油早就用完了,可是她舍不得把这个盒子扔掉,特别是世芳叔生病转移到山上以后,她更觉得这是一件纪念品了;手帕是王连长归队时送给她的;而戒指则是奶奶临死前给她戴上的。

胡文秀看着女儿把戒指和万金油盒子,用手帕包成个小包递到她手里。胡文秀更觉得奇怪了,不知道女儿打的是什么主意。但当她抬起头来,一下子就明白了:女儿郑重地把这些东西交给她,犹如轻装上阵一般,是决心用鲜血和生命同勾子军做一场殊死的斗争。

胡文秀看着女儿这不寻常的举动,难过得流出泪来。刘胡兰没有眼泪,没有悲伤,她把妈妈的手拉过来,捧着妈妈的手,让妈妈把这三样东西握紧。妈妈胡文秀立马理解了女儿的心思,她擦干了脸上的泪水,收藏好女儿的纪念品,然后高昂着头,准备迎接将要发生的一切。

这时人群乱了,都向两旁拥挤。只见刚才那个和刘胡兰说话的"奋斗复仇自卫队"队员武金川,领着两个端枪的勾子军走了过来,枪上刺刀的寒光刺得人睁不开眼睛。武金川手指刘胡兰咬牙切齿地说:"这就是刘胡兰!"

一个勾子军自言自语地说:"嘀,好漂亮啊!"

家里人见勾子军来抓刘胡兰,都着慌了,都往刘胡兰跟前拥挤,都想护住她。爱兰吓得哭了起来,不住地喊着:"姐姐!姐姐……"刘胡兰拍了拍爱兰的肩膀说:"不要怕,别哭。哭,勾子军也不会可怜我们。"

勾子军扑上来要抓刘胡兰，乡亲们靠在一起保护她。勾子军用枪托殴打群众，刘胡兰厉声地向勾子军喝道：

"闪开！我自己会走！"

说完把头一扬，昂首挺胸地向庙门走去。

来抓刘胡兰的勾子军和武金川先是惊奇地愣了一下，随后乖乖地闪到两边，端着枪紧紧地跟着刘胡兰，好像怕她长出翅膀飞了似的。

一进庙院，押解她的勾子军让她站着。武金川抢先跑进西房去了。刘胡兰在院里一看，只见正殿廊檐下都是被捕的人，有的蹲着，有的坐着，还有的怒视着端枪监视他们的勾子军。石三槐和石六儿也在这里，他俩都被五花大绑着。石三槐的头发、胡子长得老长，身上的衣服被抽打得条条缕缕；石六儿满脸血污，有一只脚上鞋袜都没有了。他们都用吃惊的眼光望着刘胡兰。刘胡兰向石三槐和石六儿微微笑了笑，两眼充满了敬佩的神情。

这时，武金川从西屋走出来，他拉开风门对刘胡兰说："特派员请你进去。"接着他又向刘胡兰低声地说："他问你什么，你就回答什么，保你没事。反正你不说，人家也都知道。石五则全都'自白'了。"

刘胡兰没有搭理他，站在门口定了定神，然后昂首走进西屋去了。

观音庙的西厢房，原来是云周西村各团体联合办公的地方，如今却变成勾子军的临时审讯室了。说是审讯室，其实房里既没摆着刑具，也没站着打手，一切摆设还是过去那个老样子。外间大炕上堆着两卷行李，里间靠窗台处放着张破旧的三条腿的办公桌；桌上摆放着打掉一个角的砚台，砚台左边有几粒黑黄的耗子屎，砚台右边扔着几支秃了头的毛笔，再往右边还放着几个粗瓷茶碗。桌子后边放着张古老的圈椅，靠近门口的地方，摆放着能坐两个人的一条长板凳。

屋里只有勾子军特派员张全宝一个人。这人岁数不大，却留着长长的大胡子，胡子油光黑亮，拖在胸前。左腮上有指头大一块黑痣，痣上长着一撮黑毛。这撮黑毛不细看是看不到的，但当他生气的时候，这撮黑毛就变得又粗又横，仿佛刺猬似的。他挺着腰板，坐在圈椅里，故意装出一种威风凛凛、杀气腾腾的样子。他看见刘胡兰稳步走进来，不由得愣了一下，他真没想到，刘胡兰原来是这么一个文文雅雅的大姑娘。刘胡兰如此镇定，也大大出乎他的意料。只见她脸上没有一点点恐惧的神色，一进门就直挺挺地站在办公桌前面，一双黑亮的眼睛一眨不眨地盯着他，盯得大胡子心里又打怵又发毛。大胡子本来打算一见面就给刘胡兰一个下马威，他一见刘胡兰这个样子，觉得拍桌子、打椅子、瞪眼睛都不会起什么作用，不但不起作用，反倒会把事情弄糟。他一时不知道怎样开头才好，于是点上一支香烟吸了几口，先给自己压压惊、定定神。然后，才向刘胡兰故意问道：

"你叫什么名字？"

刘胡兰站在那里，像没听见似的。

大胡子抽了两口烟，接着又问：

"你是叫胡兰子？"

"我叫刘胡兰。"

"嗯。你是八路军的妇女干部？"

"不，我是民主政府区妇联干事。"

大胡子叼着烟卷望着刘胡兰，似笑非笑地问：

"反正都一样。有人供出你是共产党，是吗？"

"是，中国共产党候补党员。"

"好！好！"

大胡子听了，连声说"好！"简直是欣喜若狂。他真没想到刘胡兰回答得这样干脆，这样确切，这样利落。他也没料到审讯一开头就进展得这么顺利，顺利得大大出乎预料。心想：刘胡兰是被捕人中唯一的共产党员、区干部，也是年纪最小的一个，要从她口中得到所要东西，岂不易如反掌。

大胡子忍不住站了起来，笑嘻嘻地说："我就喜欢你这种痛快人！"他随即指了指摆在门口的板凳说："请坐，请坐，咱们坐下来谈。"他见刘胡兰直挺挺地站在那里一动不动，又说："我只是奉命来找你聊聊，没啥大不了的事。别怕，别怕。"

"我根本就不怕。"

"那好，那好。"大胡子说着，一屁股坐在圈椅里，继续问道："你给共匪……"他见刘胡兰用愤怒的眼光盯着他，忙改口说：

"你给共产党做过些什么事？"

"只要我能做的，什么都做过。"

"你给八路军做过些什么事？"

"只要我能做的,什么都做过。"

"嗯,你们区上除了你,还留下哪些人暗藏在这里?不,不,拿你们的话说,就是还有哪些人留在这里坚持工作?"

"就我一个。"

"你们村里还有谁是共产党?"

"就我一个。"

"你们区上共产党都到哪里去了?"

"不知道。"

"你们村长是谁杀的?"

"不知道。"

"公粮埋在什么地方?"

"不知道。"

"布匹藏在哪里?"

"不知道。"

大胡子好像胸有成竹地说道:"我明白告诉你吧,有人已经向我们'自白'了,我们全知道了。"

"既然你们全知道,何必问我。"

大胡子咽了一口唾沫,又转了话头:

"你为啥要参加共产党?"

"因为共产党为穷人办事。"

"以后你还会为共产党办事不?"

"只要我还有一口气,就要办到底。"

"你最近和区上通过信没有?"

"通过怎样？没通过又怎样？"

"你和他们见过面没有？"

"见过我也不会告诉你。"

大胡子一连碰了几个钉子，再也沉不住气了。"呼"一下从圈椅上站了起来，扔掉烟头，从腰里拔出手枪，"啪"一下搁在桌子上，大声地吼道：

"你，你……你他妈的别给脸不要脸。你再他妈的嘴硬，老子毙了你！"

"随便！"

大胡子气得脸色铁青，拖在胸前的胡子不住地抖动，腮上黑痣里的一撮黑毛也都一根一根地横了起来，用两只充满血丝的狗眼瞪着刘胡兰，恨不得一口把她吃掉。忽然，他贼眼一转，很快地安静下来，点起一支烟，抽了几口，然后说道："好吧，你不想告诉我，我也就不问你了。"他又坐到圈椅里，慢腾腾地说道："其实你不说，我们也都知道。真的，我不是吓唬你！你做过的事，我都能背下来。"

接着，大胡子就真的开始背刘胡兰的历史。什么时候去的妇女训练班，什么时候当了村妇联秘书，什么时候调到区上，什么时候入的党……背得头头是道。背完后又对刘胡兰说："你罪大恶极，你给八路军办了不少事情，要落到别人手里，枪毙一百次也够了。不过，看你年轻，正青春，正花季，只要你能改恶向善，我们既往不咎。"

大胡子用两只贼眼不住地窥探刘胡兰，仿佛要看到刘胡兰心里在想些什么,可刘胡兰脸上还是那样平静。大胡子万万没想到,一个女共产党,竟如此镇定,面不改色心不跳,根本没把他这个特派员放在眼里,于是又奸笑地哄骗说:"我们决不会为难你,等一会儿开民众会,只要你向民众'自白',就是承认你是共产党——这一点,你开头已经承认了。你再向民众'自白',你受了共产党的欺骗,误入歧途,从今以后……保证不再给共产党做事。这桩事就算完了……"

"办不到!"

"别那么执拗啦。"大胡子像知心朋友似的劝道,"你是个聪明人,你想想看,不'自白'能过得去吗?'自白'才能'转生',不'自白'只有死路一条。"

刘胡兰好像根本没听见他说些什么,两眼望着顶棚。

大胡子继续说道:"你知道什么是共产党?共产党是穷小子们的党,尽干缺德事情,分人家的房,分人家的地……你家的境况还不错,不愁吃,不缺穿,何必跟上那些穷小子们捣乱?何必跟上他们受这些连累?你看看,我们一来,你们当官的,不,不,你们的领导,全都跑到山里去了,留下你当替死鬼。你替他们白白送命,这何苦呢?你好好想想,两条路由你挑。"

刘胡兰仍旧不吭一声。

大胡子站了起来,好像热锅上的蚂蚁一样,在房子里走来走去,满脸焦急的神情。黑痣上那一撮粗硬的黑毛一会儿竖着,一会儿横着。但他努力克制,尽量用平和的语调继续说:"你年轻,不懂事,全是受了共产党的欺骗。共产党就是能说,什么事一到他们嘴里都能说得天花乱坠，什么闹革命啦，减租减息啦，土地改革啦，等等。其实，都是他妈的瞎胡扯。"

接着他就长篇大论地说起来，一面污蔑共产党，一面吹捧阎锡山。后来又劝说刘胡兰，只要她能向民众"自白"，不仅既往不咎，而且还专门给她一块土地。孟永安村长可以派人为她耕种，收下的粮食完全由她自由支配，可以荣华富贵地过活一辈子。最后，大胡子又说道：

"你看看这还不够便宜？这多便宜！这是做梦都梦不到的好事哩！"

"给我一个金人也不'自白'！"刘胡兰轻蔑地说。

在大胡子劝降的时候，二连连长许得胜进来了，一屁股坐在长凳上，拿着皮带，悠闲地拍打着自己的双腿。他一听刘胡兰这样回答大胡子，就气汹汹地站起来，向刘胡兰吼道："你他妈的以为不'自白'就没事啦？"

许得胜回头又向大胡子说道："你别和她白磨牙了，趁早拉出去铡了算啦！来人！"

话音刚落，押解刘胡兰的那两个勾子军随声走进来，拿着绳子就要动手捆绑刘胡兰。

大胡子喝道："别动手。"随即，又向许得胜说："许连长，别上火，你让她好好想一想嘛。这姑娘是个聪明人，会想清楚的。"

他问许得胜开会的事准备好了没有？许得胜说准备好了。大胡子转身又对刘胡兰笑了笑说："我刚才说的话全是为了你好，为你着想，你好好想一想。好啦！咱们现在先开群众会吧。"他说完，向那两个勾子军摆了摆手。刘胡兰就被带出去了。

刘胡兰出去之后，许得胜不满地向张全宝说："特派员，用得着和她那样磨牙费嘴吗？她愿意'自白'就去'自白'，不愿意，咔嚓一刀，不就完了？让石五则去'自白'还不一样？"

张全宝居高临下地说："当然不一样。石五则在民众中，已身败名裂，让他去'自白'起不到号召作用。师部之所以对此案重视，是因为刘胡兰是目前唯一抓到的区干部，并且又是共产党员。如能促其'自白'，则可在这一带搞臭共匪，从而提高我方之威望，在政治上打个大胜仗！你想想，一个共匪的区干部'自白'了，各村那些'伪装分子'势必效法。这一来，就会造成一种'自白'之风，而我方则可收事半功倍之效。这，也就是师部指示英明之处。"

许得胜连连点头，犹如醍醐灌顶一般，猛然大悟地说："哦，原来是这样！到底你们这些玩政治的，肚子里的圈套比牛吃蜡条还多。"停了一下又问："特派员，你看刘胡兰能在大会上'自白'吗？"

张全宝理了理大胡子，很有把握地说："我看没问题。这么一个姑娘家，她大概还不知道血是红的还是黑的哩！到时候铡那几个人让她瞧瞧，不说软话才怪哩！"他像对许得胜，又像自言自语地说："你他妈的，共产党员！共产党员也不是铁打的，钢铸的！你就是齐天大圣，也翻不出我的手掌心！"

大胡子紧握拳头，他完全相信自己一定能使刘胡兰屈服。

刘胡兰被两个勾子军押着，从观音庙里走出来的时候，会场已经布置好了。"烘炉台"（勾子军召开"自白转生"大会时，称会场上的主席台为"烘炉台"）设在庙门左边的土堰上。那里摆着一张桌子和几条板凳，地上堆着胳膊粗的几十根木棍。先后被捕的那些人站在"烘炉台"的西边，有的绳索已解开了，有的仍旧五花大绑着。十几个勾子军端着上了刺刀的枪，监视着他们。被赶来开会的群众，比刚才更多了，男东女西地分别站在"烘炉台"前边的那块空地上。人群四周，三步一岗，五步一哨，布满了荷枪实弹的勾子军。不远处的护村堰上，架着四挺机枪，枪口正对着广场上手无寸铁的群众。人们忐忑不安，面面相觑，猜不透勾子军究竟要干什么。

整个会场，被阴森恐怖的气氛笼罩了。

刘胡兰被单独押在"烘炉台"东边，敌人不准她到西边被捕的那些人中间去。刘胡兰面向延安的方向，心中不禁涌起了万丈豪情。她用冷静的眼光扫视一下会场，然后就抬头凝视着天空，天空阴沉沉、空荡荡的。刘胡兰好像在思索着什么，又好像把一切都置之度外了。

不一会儿，勾子军特派员张全宝、二连连长许得胜、机枪连连长李国卿，还有新上任不久的云周西村村长孟永安，相随着从庙里走了出来。他们走上"烘炉台"，伸着脖子凑在一起，像鹦鹉似的叽咕了一阵，然后就由孟永安宣布开会。

孟永安扯着嗓子喊道："让大家久等了，现在咱们就开会。今天民众大会很重要，就是要'自白转生'，不'自白'的，就要乱棍处死！现在，热烈欢迎张特派员给大家训话！"

孟永安说完，使劲地拍着两手，两眼不住地扫视群众，意思要大家鼓掌欢迎。可是人群里没有一点响声，只有站在台前的十来个"奋斗复仇自卫队"的队员，跟着他象征性地拍了几下。

二连连长许得胜看到这个情形，气得脸色都变了。他跺着脚向会场大骂："你们他妈的，手都烂掉啦！我看他妈的云周西村没有一个好东西，全都他妈的应该……"

许得胜还没骂过瘾，张全宝就向他摆了摆手，把他的怒骂声打断了。张全宝装出一副宽宏大量的样子，好像对鼓不鼓掌毫不在意，他微笑着走到台前，咳嗽了一声，然后就开始了训话。他污蔑共产党是共匪赤祸，是祸国殃民的凶手，共产党统治下的民众，水深火热、民不聊生……

张全宝一口气骂了一个多钟头，他骂得很起劲，可是民众却十分冷淡。这些污言秽语，早在1936年红军东征的时候，人们就知道了那是在胡说八道。

天气很冷，太阳躲在厚厚的云层里不肯露面，西北风无声无息地吹着。人们的手脚都快冻麻木了，有人往手上哈气，有人不停地跺脚，很快满场子就响起了一片哈气声和跺脚声，声音愈来愈响，把张全宝的讲话声都压下去了。许得胜气呼呼地叫骂了一阵，人群才安静下来。张全宝接着又讲开了。他视勾子军是仁义之师，是救民于水火之中，要彻底铲除共产党，肃清"伪装分子"，要建立人心政权……

在张全宝讲话的同时，"奋斗复仇自卫队"的队员们从村里抬来三副铡刀，放置在观音庙西墙附近的荒草滩里。昨天，勾子军在大象用铡刀铡了两个人，看到对群众的震慑力很大，于是决定今天在云周西村也用这种办法，威逼刘胡兰就范。人们看到抬来三副铡刀，便骚动起来，有的人惶惶不安地东张西望，有的人窃窃私语，会场像马蜂窝似的发出一阵"嗡嗡"的声响。许得胜又叫骂了一气，人们这才安静下来。张全宝最后说道：

"凡是过去给共产党、八路军办过事的人，不论本人有多大的罪恶，只要能够弃恶向善，彻底'自白'，一律既往不咎；不'自白'，就处死！'自白'就能转生，'自白'就是自救！"

张全宝讲完话，当场就把石五则、张申儿、二痨气三个人释放了，让他们站到了人群中去。接着，许得胜就开始宣读先后被捕的那些人的罪状。读完之后，他向广场上的群众大声地问道："这些人是好人，还是坏人？"

会场里雷鸣般地吼道："好人！"

许得胜看着慌了，后悔不该问这句话。他恼羞成怒地叫骂道："老子就知道云周西村没个好东西。他妈的，好人！老子偏要你们出来，乱棍处死这些好人！"

他立马命令三排长申灶胜强迫群众出来打人、铡人。

申灶胜领着几个勾子军向人群扑过来。人们叫喊着往里挤，向后退。他们从东边扑过去，人们向西躲；他们从西面赶过来，人们又向东躲。刚拉出这个来，那个又跑回人堆里去了；拉出那个来，这个又跑回了。最后，从人群中只赶出三个人来。这三个人就是刚才释放了的石五则、张申儿和二痨气。

原来这都是张全宝事先布置好的。他就怕到时候没人出来动手,今天一到云周西村,就把这三个人叫在一起,告诉他们说今天就释放他们,不过要他们在开会时候出来打人、铡人,否则,也轻饶不了他们。他们也和"奋斗复仇自卫队"的队员们一样,走到"烘炉台"前,一人抄起一根木棍棒。

一场血腥的大屠杀开始了!

第一个拉出来的是石三槐。他脸色铁青,两只眼里燃烧着两团怒火。他向群众大声说道:"今天我石三槐死了,可是我知道……"

石三槐话没说完,石五则照着他耳后根打了一棒。血水立刻顺着脖子流了下来。石三槐叫喊着摔倒了。张申儿、二痨气和"奋斗复仇自卫队"的队员们,挥舞着棍棒,朝着石三槐浑身乱打。石三槐被打得昏过去了。许得胜指挥这伙人,把石三槐拖到铡刀床上。

许得胜一声口令,铡刀落下了……

这位曾经在抗日战争时期出生入死、立过汗马功劳的地下交通员,就这样被万恶的勾子军残害了,壮烈牺牲了。

这时,石三槐的家属、朋友、邻居和亲戚们,全都悲愤地失声痛哭。

当刽子手们用铡刀铡石三槐的时候,大胡子命令那两个押刘胡兰的勾子军,把刘胡兰的头扭过来,让她看看。刘胡兰看到了,她清清楚楚地看到了石三槐英勇牺牲的经过。接着她又看到勾子军把石六儿拉出来了。石六儿又叫又骂,他的两手被绑着,他用脚乱蹬乱踢。敌人同样用棍棒把他打昏,然后拖到铡刀床上,把他的头铡了下来。

铡了石六儿之后,大胡子故意问刘胡兰:"你看到了吗?"

这种残酷的屠杀,这种泯灭人性的暴行,刘胡兰看到了,看得比谁都清楚。大胡子本想以此吓瘫刘胡兰,却不料激起了刘胡兰无畏的勇气和更深的仇恨。

大胡子声色俱厉地对刘胡兰说:"你要是不'自白'……"忽然,他又换了一种腔调说:"我想你是个聪明人,不会不知道'识时务者为俊杰'吧。你去向大家说几句,只几句,就说你是受了共匪——就说共产党也可以——受了他们的欺骗,误入歧途,参加了共产党,残害人民,罪恶深重。从今以后洗心革面,重新做人……"

大胡子边说,边注视着刘胡兰脸上的表情。他见刘胡兰听了他的话无动于衷,像没听到似的。刘胡兰的双眼望着天空,望着远方,根本没把大胡子放在眼里。大胡子正在为难之际,许得胜跑过来低声地向他问道:"怎么样,她'自白'不'自白'?"

大胡子双眉紧皱,说不出一句话来。许得胜又问:"那几个犯人怎么办?"

大胡子气喘吁吁,喘了半天才从牙缝里挤出一个字来:

"铡!"

许得胜又跑到刑场上,指挥那伙刽子手们继续铡人,继续疯狂地屠杀!

第三个被铡的是区委组织部长石世芳的哥哥石世辉。

第四个被铡的是八路军退伍军人张年成。

第五个被铡的是云周西村党支部书记的伯父刘树山。

第六个被铡的是区长陈照德的伯父陈树荣。

这些勤劳勇敢的中国农民,在共产党的领导下,曾经拿起武器和日本帝国主义英勇地战斗过;曾经冒着生命危险掩护过抗日干部;曾经风里来雨里去地送过公粮,抬过担架,传递过情报……他们是中华民族的优秀儿女,是中国人民的有功之臣,如今一个个被勾子军残杀了。勾子军把他们铡死在自家的门口,铡死在亲属和全村人的面前。一具具的尸体扔在乱草滩里,头颅抛在一旁。六位烈士的鲜血染红了铡刀,染红了枯草,染红了土地。

在场的群众都悲愤地失声痛哭,哭声惊天动地。人们早就不忍心看下去了,纷纷向四处跑开,却一次次又被勾子军堵了回来。勾子军们叫骂着,挥舞着皮带,端着上了刺刀的枪,把这些手无寸铁的男女老少赶回原地,强迫他们继续看这一场惨无人道的屠杀。

刘胡兰像钢铁般的巨人,纹丝不动地站在原地,站在大胡子和两个勾子军中间。她默默地望着广场上的人群,好像在和家人告别,和云周西村的父老乡亲告别!

这时,大胡子猛然推了刘胡兰一把,气急败坏地说道:"现在轮到你了!你是要死,还是要活?你面前只有这两条路!"

刘胡兰没有理睬他,仍然望着群众,好像在说:"乡亲们,永别了!"

大胡子接着又用央求的口气,小声地说道:"只要你向民众说一句话,就一句话,就说:'从今以后,我再不当共产党了!'

就说这么一句，就没你的事了。我马上放你，马上放你回家！"

刘胡兰用眼角的余光，轻蔑地扫了他一眼。从刘胡兰镇定自若的神态中可以看出，她早已看穿了勾子军的阴谋：他们企图通过血腥的屠杀，在广大群众面前，使一个共产党员屈服……为了保持一个共产党员的气节，给敌人难以预料的打击，她早已把生死置之度外了。

大胡子大声地问道："难道你就不怕死？"

刘胡兰斩钉截铁地回答："怕死不当共产党！"

大胡子无言以对，仿佛这时才意识到他的对手是一个真正的共产党员，一个连死都不怕的共产党员！

刘胡兰用愤怒的眼光盯着大胡子，喝问道："我，怎个死法？"

大胡子听了，犹如当头挨了一棒，脸上红了又白，白了又红。他没料到，这个年轻的农村姑娘是如此的刚强，是如此的难以降服。他已把所有的花招都用尽了，可仍然没有结果。大胡子恼羞成怒，凶狠地向刘胡兰吼道："怎个死法？一个样！"

刘胡兰理了理两鬓的头发，重新包了包头上的毛巾，昂首阔步向刑场走去。她从六位烈士的遗体前走过，踏着他们的血迹，踏着血染的大地，一步步地走到了铡刀跟前。

那些敢于铡人的刽子手们，一个个都吓得全身发抖，有的畏畏缩缩地躲到了一旁，有的溜到人群中去了。张全宝下令勾子军把这些刽子手赶回来，逼着他们撑起血淋淋的铡刀。刘胡兰最后向乡亲们望了一眼，然后从容而又清醒地躺在了刀床上。

人群中有人惊叫起来，有人哭喊起来，全场骚动了，许多男人向铡刀跟前拥去。敌人慌了，许得胜不得不命令所有的勾子军准备射击。机枪连连长李国卿把护村堰上的轻机枪也调过来了，射手都伏在地上，机枪瞄准群众。拥过去的人都被逼着退回到原来的地方。而这时候，会场上女人堆里的哭喊声也更高了。

爱兰哭得最悲痛。躺在刀床上的是她一母同胞的亲姐姐。姐姐从小把她带大，是那样关爱她、呵护她，她觉得世上再没有比姐姐更亲的人了。以前姐姐到区里去工作，她都舍不得让姐姐离开，夜里做梦也梦到姐姐，现在亲眼看着姐姐就要被勾子军杀害了。从此以后，再也看不到姐姐了，永远永远也见不到了！爱兰觉得这是挖自己的心，割自己的肉。她紧紧地抱着妈妈，声嘶力竭地号啕痛哭。而妈妈胡文秀这时也早已哭得像泪人一样。刘胡兰不是她的亲生女儿，但却是她从小抚养长大的，她教刘胡兰认字改名，教她做鞋做袜，教她缝缝补补，教她走上革命的道路。而刘胡兰对她也很尊敬，很孝顺，从来没有说过一句不入耳的话，从来没有伤过她这个继母的心，如今在这生离死别的关头，怎能不催人泪下呢？

在男人堆里，最悲伤的莫过于刘胡兰的爹爹刘景谦了。这个勤勤恳恳的老实的农民，这个为八路军送过粮食和布匹的农民，这个笨嘴拙舌的农民，万没想到塌天大祸会落到自己身上。勾子军马上就要铡自己的亲女儿，自己的亲骨肉。他万箭穿胸，他心如刀绞！他不忍看长女惨死，两手抱着头蹲在地上，让泪水向肚子里倒流。站在刘景谦跟前的是刘胡兰的大爷刘广谦。刘广谦脸色铁青，一双愤怒的眼睛死盯着刑场，死盯着那伙杀人的刽子手，好像要把他们的相貌刻在骨头上一样。

在人群中还有一个人,也和刘广谦一样,用一双愤怒的眼睛死盯着那伙杀人凶手,这个人就是共产党员郝一丑。郝一丑心中燃烧着一团怒火,恨不得冲过去,用铁拳把那些刽子手们捣烂。但他明白这是根本办不到的事,而且他也明白自己肩负的重任。他一声不响地站在那里,两手握成拳头,死劲地握着,指甲都快扎到手心里了。当他看到刘胡兰从容地躺在刀床上的时候,不由得产生了一种崇敬之情,心里暗暗地说:"好样的,像个党员!无愧于一个共产党员的光荣称号!"可是,亲眼看着自己的同志、自己的战友被敌人杀害,不能不感到痛苦,不能不感到难过。郝一丑望着刘胡兰,眼里忍不住滚出了豆大的两颗泪珠,泪珠顺着他饱经风霜的脸流下来,滴在胸前,很快就结成了冰溜。

大胡子走到刘胡兰躺着的铡刀跟前,弯下腰来,气势汹汹地喝道:"你要愿意'自白',愿意投降,还来得及!"

刘胡兰静静地躺着,睁大两眼盯着他。大胡子随手抓了一把干草,盖在刘胡兰脸上。刘胡兰把头一摇,干草一根一根地掉了下来。她仍然用两只大眼盯着大胡子,嘴角浮起一丝冷笑,好像在说:"看你还有什么花招!全使出来吧!"大胡子双腿不住地哆嗦,声嘶力竭地喊道:

"铡!"

铡刀落下了,鲜血像火山喷射出的岩浆,直冲霄汉……

刀刃崩卷,碧血横流。刘胡兰——中华民族的优秀儿女,中国共产党候补党员，为了中国人民的解放，为了壮丽的共产主义事业，献出了年轻而又宝贵的生命。她以不朽的精神，矗立起入党的誓言；她以短暂的青春，谱写出永生的诗篇。

大胡子忽然像患了绝症一样，脸色变得灰白灰白，白得不见一丝血色，头上直冒冷汗，冷汗又变成了白色的蒸汽，在头顶上空升腾，整个人像抽去了全部的骨头，站都站不住。他心里明白：他们失败了，彻底失败了！从师部到团部，从团部到营部，筹谋划策费了那么多时间，调动了两个连的兵力，使用了三副铡刀，施展出软的、硬的各种计谋，却没有降服这样一个年轻的女共产党员。就在昨天晚上，他们还洋洋得意，预计从此以后，将会在文水一带展开一个"自白转生"的新局面。而现在完了！一切都完了！

天色更加阴暗，天气也更加寒冷。下午五点多钟，在人们的诅咒声中，勾子军像从战场上败退的溃兵一样，一个个垂头丧气地溜了。

刘胡兰同志从容就义，光荣牺牲了！

这个年轻的农村姑娘，这个普通的中国共产党候补党员，她用自己宝贵的生命挫败了敌人罪恶的阴谋，她用自己青春的热血保持了一个共产党员的革命气节。她的鲜血洒在了云周西村的土地上，她的光辉形象将永远活在亿万人民的心中！她的精神，她的英名，将和天地共存，将与日月同辉！

两个月后，转战陕北的毛泽东得知此事，在窑洞里久久地沉思。

"刘胡兰多大？"毛泽东问。

"15周岁。"中共中央书记处书记任弼时沉痛地答道。

"她是党员吗？"

"是。中国共产党候补党员，因为她只有15周岁。"

毛泽东胸中沉闷，沉闷了整整一天，沉闷得说不出一句话来。到了晚上，毛泽东迈着沉重的脚步来到写字台前，满怀悲愤，挥毫写下"生的伟大，死的光荣"八个大字，高度评价了刘胡兰短暂而光辉的一生。

1947年8月1日，中共中央晋绥分局做出决定，追认刘胡兰烈士为中国共产党正式党员。

1957年1月12日，在刘胡兰牺牲十周年的日子里，毛泽东再次题写了"生的伟大，死的光荣"八个大字，作为刘胡兰墓地纪念碑的铭文。

作为中共中央主席的毛泽东，两次为一个共产党员题写同样内容的题词，在中国共产党党史上是罕见的，甚至是仅有的、唯一的。

刘胡兰是当时已知的中国共产党女烈士中年龄最小的一位。毛泽东的题词，鼓舞了千千万万青年投身到革命的洪流中去。

刽子手难逃天网

刘胡兰同志和其他六位烈士牺牲后的第九天,区长陈照德带领一支地方武装从南边打过来了。这是一支由三个区联合组织起来的武工队,各区的区委书记和区长都参加了,总共有一百多人。他们已经知道了刘胡兰等人遇害的消息,人人都是悲愤交加,一心要为烈士们报仇雪恨。

1月21日傍晚,武工队来到了云周西村。这时驻扎在大象村的勾子军正在保贤庄抢粮。武工队员们连口水都没喝,立马兵分两路,赶到保贤庄去袭击敌人。勾子军受到突然袭击,扔下粮食边打边退,慌忙逃回了大象。武工队随即把敌人这一据点包围起来,双方激战数小时,因寡不敌众,一时攻不进去,只好连夜撤走。

1947年1月,我军对疯狂残害人民的勾子军展开了大规模的反击，战斗持续进行了 17 个昼夜，在汾阳、孝义一线歼敌万余人。随后，独立二旅和独立四旅并肩向文水挺进。大象据点的勾子军慌作一团，连夜逃回了文水县城。

独立四旅是晋中平川的子弟兵，对这里的一草一木都非常熟悉，有着浓烈的故土情感。但是眼前的一切，却被勾子军队糟蹋得面目全非。雪地染着殷红的血迹，田野里增添了许多新坟。埋葬和凭吊亲人的乡亲们来来往往，哭声一阵接着一阵。村村有燃烧着的房屋，有全家被害而无人掩埋的尸体……触目惊心的故乡，像刀子一样扎进晋中子弟兵的胸膛。指战员们没有言语，没有胜利后的欢腾，他们瞪着怒红的眼睛，默默地迈着复仇的脚步，向文水疾进。

当部队经过指战员们最熟悉的云周西村的时候，乡亲们站在鹅毛大雪里，站在村口把大家围住。老人哭号，小伙子流泪，控诉勾子军的滔天罪行。他们急切地说："要为咱的胡兰子报仇啊！"

"她怎么了？"

"该死的勾子军，把她和六个乡亲活活地铡死了！"

"什么时候？"

"1 月 12 日。"

"在哪儿？"

"观音庙旁边！"

不用招呼，不用命令，战士们和乡亲们一同拥进观音庙前的广场。

那天，北风呼啸，大雪纷飞，广场上阴森沉寂。杀害刘胡兰等同志的铡刀就横在面前，刀口已经卷刃，刀床上凝聚着紫色的血迹。垫刀的杂草零乱地堆在地上，虽然蒙上一层白雪，但雪融之处，仍可见到斑斑血迹。

所有这一切，无情地向大家证实了：那个风雨里在各村之间奔走的妇女干部，那个不分昼夜筹备军鞋的支前模范，那个给战士们演唱歌曲严肃又有点稚气的小妹妹，真的遭了敌人的毒手。

刘胡兰的继母胡文秀也来到了庙前广场。她面色苍白，眼皮浮肿，站在大家面前讲述女儿就义的经过。她极力忍住悲痛，泪流满面地说："我家胡兰子，还有那几个乡亲，死得惨啊……可也死得有骨气……"

接着，她用充满仇恨和血泪的语句给战士们勾勒这样的画面：就在这座阴森的观音庙前，铡刀旁边，刘胡兰深情地向亲人们告别。她在母亲跟前，是稚气未泯的孩子，然而，当她转身面对敌人的时候，却是那样威严，挺着胸，昂着头，斩钉截铁地说："共产党员就我一个……怕死不当共产党！"说罢，从容地向铡刀走去。

战士们垂着头，有的擦泪，有的哭泣，枪上的刺刀，在风雪中也随着他们的身子不停地抖动。

人被仇恨窒息了，心被仇恨烧焦了，就连树枝和檐上的雪仿佛也被仇恨的气氛所融化，滴下了痛心的泪水。

胡文秀说到最后，用颤抖的手，指着染满女儿鲜血的铡刀，哭喊着："同志们，为胡兰子他们报仇啊！"喊着喊着，踉跄几步，几乎跌倒，几个战士急忙从行列中跑出来扶住了她。其中有个战士，膀宽腰圆，身材高大，面庞黑里透红，他就是机枪手王银才。王银才是文水人，共产党员，他在汾孝战役中一个人俘虏了13个敌人，缴获四挺美造轻重两用机枪。这位钢铁汉子满眼泪水，在铡刀旁边，捧起一块浸透鲜血的泥土，用手巾包好，揣进怀里，然后他拉着胡文秀的手，说："刘妈妈，请您不要过分伤心，我们把胡兰子为人民流的血保存起来，不忘敌人欠下的血债，一定要为胡兰子报仇！"

这句话像导火索一样，使积压在内心的怒火喷发出来，广场上顿时枪刺高举，"为刘胡兰报仇！""为死难烈士报仇！"的口号声淹没了风雪的咆哮，滚雷般从云周西村上空越过巍峨的吕梁山脉，向四面八方震荡，向整个被敌人蹂躏的晋中平原宣誓，向所有死难的英灵宣誓。

为刘胡兰报仇的突击队组成了，为刘胡兰报仇的爆破班组成了，为刘胡兰报仇的进军开始了。

当晚，战士们没喘一口气，就赶到了文水县城，立刻拔除了城关外围的所有据点。次日拂晓，战士们伏在雪地上，透过乳白色的晨雾，神情严肃地望着灰秃秃的城墙。大家都知道，此刻在城墙上死守的敌人，正是杀害刘胡兰同志的勾子军72师215团。仇人相见，分外眼红。战士们手握钢枪，脚蹬着地，随时准备冲进敌群，打个痛快。

2月2日，下午一点钟，旅部发出了严惩敌人的总攻信号，接着山炮和其他轻重武器一起吼叫起来。爆破手陈英抱起炸药包，向城门飞奔。冒烟的手榴弹落在脚下，他抬腿踢开。子弹像雨点一样向他袭来，他眼都不眨地趴在地上匍匐前进。惊天动地的一声巨响，烟尘腾起，砖瓦横飞，高大而又坚厚的城门敞开一个缺口。陈英从烟尘中站了起来，高举着拳头，转身向后边喊道："同志们，前进，为刘胡兰报仇！"

"为刘胡兰报仇，杀！"响亮的口号一呼百应，千百名战士怀着报仇的急切心情，在枪林弹雨中，一浪接着一浪涌进城门。冲在最前面的几个战士又碰到一道城门，因为冲得过猛过快，第二道城门还没炸开。战士们急得跺脚，有的用枪托砸，有的用脚踢，但那高大的铁门岿然不动。在这紧急关头，陈英抱起另一个炸药包在后面大喊："先让开，看我炸他个狗日的！"然而，敌人用几挺机枪封锁了退路，也使后边的陈英不能靠近城门。

忽然，机枪手王银才飞快地冲了出来。他挺身端枪，毫不隐蔽地向敌人还击。于是，敌人把所有火力都集中到他这里。王银才见敌人上当了，就对陈英喊道："上，爆破城门！"陈英趁机炸开了第二道城门。战士们一拥而入，震耳的喊杀声响彻整个县城。

王银才因头部受伤，在冲锋的道路上昏了过去。不一会儿，又睁开眼睛叫喊："我要斩尽这群连个孩子也不放过的畜生！"由于喊声太大，用力过猛，再次昏迷过去，头上的鲜血滴在他胸前微微鼓起的衣袋上。衣袋里面有鼓舞他、激励他，被刘胡兰鲜血浸透的泥土……

战斗正在激烈地进行，大街上到处都有战士跃进的身影，到处都有惊慌的敌人。随着一声又一声"为刘胡兰报仇"的口号，溃散的敌人一批又一批倒下。最后，敌人逃往北门，在瓮城圈里乱挤乱撞，准备夺门逃命。

突然，一阵清脆的枪声响了起来，跑在前头的几个敌兵应声而倒，敌人唯一的生路被掐断了。"好枪法！"许多人大声喝彩。原来王银才又跟着后续部队爬上了城墙，他咬着牙齿，瞪着眼睛，单腿跪在城墙上扣动扳机，子弹带着他满腔仇恨，发射出去……

在"为刘胡兰报仇！"的呼喊声中，战斗进行得异常顺利，前后只用了五分钟时间，勾子军215团的指挥所上就挂起了投降的白旗。

雪花片片飞舞，硝烟慢慢散去，文水县城逐渐寂静下来。

战斗结束后，在俘虏当中却没有查出杀害刘胡兰等七位烈士的凶手，只是在被打死的敌人中，找到了"奋斗复仇自卫队"队长吕德芳的尸体。其余那些主要凶犯潜逃了。部队总指挥部立即向所属各部发出了通缉令，哪怕这些刽子手逃到天涯海角，也要追捕归案，为死难烈士申冤报仇！

1948年夏天，华北野战军以秋风扫落叶之势，迅速解放了晋中平川各县。1949年4月24日，解放了阎锡山的老巢——太原。从此，刘胡兰同志所经历的那个黑暗年代，一去不复返了。

在解放晋中平川的战役中，又有两个参与杀害刘胡兰等七位烈士的凶手被击毙。一个是215团团长吴其华，另一个是一营营长冯效翼。

许得胜在杀害刘胡兰等七位烈士之后，因为杀人有功，不久就被提升为营长。1947年2月2日文水解放时,他化装逃回了原籍祁县。1948年祁县解放后,许得胜又逃到贾令镇,改名换姓,潜伏在"万和堂"药铺当了炊事员,暗中组织反动会道门,继续进行反革命活动。在镇压反革命运动中,群众把他检举出来。经过多方调查,证明他就是直接杀害刘胡兰等七位烈士的凶手。群情激愤,强烈要求政府立即处理,还没来及拉到烈士墓前,就在本县枪决了。

大胡子张全宝,在1948年晋中战役时被击伤,逃回太原,在医院住了几个月,后来当了勾子军迫击炮师三团五连上尉连长。太原解放后,张全宝被俘。他自知罪恶深重,化名为张生昊,隐瞒了杀害刘胡兰等七位烈士的罪行,被当作一般俘虏送至察哈尔农垦大队劳动改造。一年之后获释,回到了原籍运城。这时他已剃掉了惹人注目的大胡子,并割掉了腮上长着一撮黑毛的那颗黑痣。在运城街上摆了个纸烟摊,做起了小买卖。歌剧《刘胡兰》在运城上演时,张全宝吓得心惊胆战。后来听看过戏的人们说:杀害刘胡兰的是个长着大胡子的许连长。张全宝有点狐疑不定,最后他壮着胆子,捏着一把汗偷偷地看戏去了。果然,戏里杀害刘胡兰的那个凶手长着满脸胡子,人称许连长,也称大胡子。戏里根本没有提到张全宝的名字。张全宝看完戏,这才放了心。后来又听说许得胜已被枪决,不由得暗自庆幸,以为从此以后没人知道他的滔天罪行了。

纸是包不住火的,天网恢恢,疏而不漏。在镇反运动中,有两个被释放回家的俘虏,向公安机关检举了张全宝杀害刘胡兰等七位烈士的血腥罪行。

当公安人员拿着逮捕证对他说"你被逮捕了！"时，张全宝故作镇定地质问道："我犯了什么法？为什么逮捕我？"

公安人员直截了当地对他说："你就是杀害刘胡兰等七位烈士的刽子手——大胡子张全宝！"

张全宝的脸色立刻煞白，自知无法抵赖，只好束手就擒。

侯雨寅在1947年交城战役中被俘，他隐瞒了密谋杀害刘胡兰等七位烈士的全部经过，在训练大队受训一个多月后释放，回到了原籍稷山县宝泉庄。回家后贼心未死，暗里勾结反革命分子和土匪，组织反革命地下武装——"汾南游击队"。自任大队长，妄图伺机暴动，颠覆人民政权。他的这一罪恶阴谋，很快就被广大群众揭发了。侯雨寅被捕后，百般狡赖，但在大量人证物证下，不得不承认他的滔天罪行。

1951年5月19日，张全宝和侯雨寅被捕的喜讯在报纸上刊出后，全国各地要求在刘胡兰烈士墓前处决这两个凶手的信件从四面八方如雪片般飞来，人民政府接受了广大人民的这一正义要求。

6月24日，公审张全宝、侯雨寅的大会在云周西村举行。参加公审大会的有省、专、县各界人士和周围七个县的代表一万多人。

这天一大早，各地的代表就从四面八方陆续来到了云周西村。他们排着整齐的队伍，抬着花圈，拿着挽联，有的人胸前戴着白花，有的人臂上缠着黑纱。人们怀着无比崇敬的心情，走到了烈士墓前，在烈士墓前举行了隆重的公祭仪式。

公审大会的会场，就设在刘胡兰烈士就义的地方。

公审开始，凶犯被带上来。会场里一万多名愤怒的群众"呼"的一下都站了起来，人们高举着拳头，呼喊着口号。拳头像一片树林，口号声震天动地。在震耳欲聋的口号声中，两个凶手被押到公审台上。一万多名群众立刻高呼道：

"跪下！"

"让他们跪下！"

张全宝和侯雨寅跪在了台前。这两个杀人不眨眼的刽子手，早已吓得浑身发抖，如一摊烂泥，头也抬不起来。

审判人员宣布开庭以后，第一个上台控诉的是刘胡兰烈士的母亲胡文秀，接着上台控诉的是其他六位烈士的家属——他们的妻子、兄弟、子女们。一个个都是悲愤交加，声泪俱下。他们详细讲述了刘胡兰等七位烈士就义时的情景，控诉了这些刽子手们的滔天罪行。他们的控诉点燃了人们仇恨的火焰，一万多名愤怒的群众，挥舞着有力的拳头，一致要求处理张全宝和侯雨寅，为死难烈士报仇！

人民法庭对两个凶犯进行了公开审讯。最后，审判人员庄严地宣读了对张全宝和侯雨寅的判决书。在响彻云霄的口号声中，这两个血债累累的刽子手被枪决了。

叛徒石五则出卖了刘胡兰等七位烈士，然后嫁祸于人，妄图逃脱人民的惩罚。但人民的眼睛是雪亮的。1959年9月9日，文水县（1959年9月又恢复文水县建制）公安局正式逮捕了石五则。在大量的证据面前，石五则供述了自己的叛变过程及叛变后嫁祸于石三槐的滔天罪行。

1963年2月14日，文水县人民政府在云周西村召开公审大会，石五则被执行枪决。

叛徒石五则，虽然迟迟没有得到惩罚，但他最终没有逃脱应得的惩罚，响彻云周西村上空的，是迟到的枪声，也是正义的枪声！